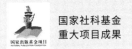

对外汉语教学语法丛书

◎总主编 齐沪扬

对外汉语教学语法
初级大纲

张旺熹 ◎主编

张小峰 ◎著

北京语言大学出版社

BEIJING LANGUAGE AND CULTURE
UNIVERSITY PRESS

© 2024 北京语言大学出版社，社图号 23255

图书在版编目（CIP）数据

对外汉语教学语法初级大纲 ／ 张旺熹主编；张小峰
著．－－ 北京 ：北京语言大学出版社，2024.1
（对外汉语教学语法丛书 ／ 齐沪扬总主编）
ISBN 978－7－5619－6470－5

Ⅰ．①对… Ⅱ．①张… ②张… Ⅲ．①汉语－语法－
对外汉语教学－教学研究 Ⅳ．① H195.3

中国国家版本馆 CIP 数据核字 (2023) 第 227654 号

对外汉语教学语法初级大纲
DUIWAI HANYU JIAOXUE YUFA CHUJI DAGANG

排版制作：北京光大印艺文化发展有限公司
责任印制：周 燚

出版发行：北京语言大学出版社
社　　址：北京市海淀区学院路 15 号，100083
网　　址：www.blcup.com
电子信箱：service@blcup.com
电　　话：编 辑 部　8610-82303647/3592/3395
　　　　　国内发行　8610-82303650/3591/3648
　　　　　海外发行　8610-82303365/3080/3668
　　　　　北语书店　8610-82303653
　　　　　网购咨询　8610-82303908
印　　刷：北京联兴盛业印刷股份有限公司

版　　次：2024 年 1 月第 1 版　　印　　次：2024 年 1 月第 1 次印刷
开　　本：787 毫米 × 1092 毫米　1/16　印　　张：26
字　　数：411 千字
定　　价：99.00 元

总　序

摆在读者面前的，是国家社科基金重大项目"对外汉语教学语法大纲研制和教学参考语法书系（多卷本）"（17ZDA307）的所有成果。这些成果包括大纲系列 4 册、书系系列 26 册、综述系列 8 册，以及选取研究过程中发表的一部分优秀学术论文集辑而成的论文集 1 册，共计 39 本著作，约 700 万字。这个项目的研制，历时 5 年有余，参加的研究人员多达 50 余人，来自国内和海外近 30 所高校。

2017 年 11 月，全国哲学社会科学工作办公室正式公布"2017 年度国家社科基金重大项目立项名单"。2018 年 4 月 14 日，国家社科基金重大项目"对外汉语教学语法大纲研制和教学参考语法书系（多卷本）"的开题报告会举行。2019 年 8 月，2017 年度国家社科基金重大项目中期检查评估报告提交，2023 年 1 月召开课题结项鉴定会。

根据专家组意见，特别是专家组组长赵金铭教授两次谈话的意见，按照全国哲学社会科学工作办公室立项通知书上的要求，本项研究牢固树立问题意识、创新意识和精品意识，立足学术前沿，体现有限目标，突出研究重点，注重研究方法，符合学术规范。项目的执行情况、所解决的问题和最终成果如下：

大纲、书系和综述是主要的研究成果。三类不同的成果面对的读者是不一样的：大纲是给教师教学与科研使用的，同时也顾及学习汉语、研究汉语的一些国际学生；书系主要是给在一线教学的对外汉语教师看的，以解决这些教师在教学过程中的实际问题为目的；综述是对大纲和书系的补充，主要面向对外汉语教师、汉语国际教育专业研究生和本科生，以及需要进一步了解、研究相关领域的群体，为这些人继续研究相关问题提供材料和方法。三种不同的读者群体决定了三类成果的不同写法。

1. 大纲研制

大纲研制的最终成果是两套大纲：分级大纲（初级大纲和中级大纲）和分类大纲（书面语大纲和口语大纲），共 4 册。语法大纲不局限于语法知识本身，而是以学习者语言能力的培养为目标。凡是能促进学习者语言能力的语法项目都应析出为大纲的项目。语法项目的编排依据的是语法形式，使用条件式来描述细目的功能。使用条件式有利于促进语法知识转化为语言能力。

分级大纲中语法项目的等级不宜简单理解为语言本身的难度区分，更应理解为习得过程性的内在要求。以促进学习者生成语言能力为目标，支持学习者语言能力生成的语法项目都应列目，项目编排以语法结构为基础，细目的描写以促进语言能力生成为重。大纲体现习得的过程性，总体上为螺旋形呈现。

目前对外汉语教学和科研依据的都是通用语体的语法大纲，至今尚没有分语体的大纲问世，这种状况显然与发展迅速的第二语言教学事业不相适应。书面语语法大纲和口语语法大纲的研制，填补了大纲研究的空白，在今后的教学指导、教材编撰、汉语水平测试等方面，都能发挥很大的作用。

2. 书系研发

我们在全国范围内分三批次遴选和推荐了撰稿人，这些撰稿人都有长期从事对外汉语教学的经历，且都是语法专业背景出身。从目前情况看，学术界和教学界都需要这一类书，这套书也具有填补空白的作用。而且，这套书是开放性的，条件成熟了可以再继续做下去，达到 30 本到 50 本的规模，甚至再多一些都是可能的。

书系的研发应以"语法项目"作为书名，不求体系完整，成熟一本撰写一本；专业性不能太强，要考虑到书系的读者需求，他们阅读这本书是为了解决教学上的问题，除了必要的理论阐述和说明之外，要尽量早一点儿切入到教学中去；提出的问题要切合教学实际，60～80 个问题，其实就是这本书的目录，有人来查，很快就能对症下药，找到自己想要的东西；提的问题要有针对性，要有实用性，针对学生的水平等级，围绕这个语法项目，把教学上可能遇到的问题按等级排序。总之，这是一套深入浅出的普及性小册子，一定会受到广大对外汉语教师的欢迎。

3.　综述编著

按照标书要求，阶段性成果包括两套综述汇编。编著这两套综述汇编，首先是项目研制的需要，是和大纲研制、书系研发互相支撑、互相配合的；其次是近20年的综述汇编，学术界和出版界均尚无相关成果问世，很多研究者迫切需要这方面的资料；最后是这套综述汇编的写法与其他综述成果不同，两套综述不仅仅是"资料汇编"，里面更有很多作者的评议和引导，是"编著"类的"综述"，这类"综述"其实是不多的。这样的写法比目前在做的或者已经出版的"综述"要科学得多，实用得多。

综述分为两套：《近20年对外汉语语法教学研究》和《近20年汉语作为第二语言语法习得研究》。综述的主要读者应该是研究者，是关心该领域的研究者，作者收集的材料尽可能齐全，作者所做的分析要有依据，作者做出的解释要能让研究者信服。两套综述都能做到对相关问题做出梳理，述评结合，突出评价的学术性、原创性和实用性，力图使读者对相关论题有一个全面的认识和深刻的思考，并为进一步的研究提供方向。

对上述这些成果的介绍只能点到为止，事实上，具体到每一本著述，都是有必要重点介绍的。好在每套书都另有主编，请读者自行阅读每套书的主编写的"序"吧。我这里还想向读者介绍的是这些著述的作者们，没有他们，这些成果难以问世。

本项课题涉及面广，研究人员多，在最初填写招标书时我们已经意识到了："本项研究工程浩大，……大纲和书系非一校之力可完成，将集中全国不同高校共同承担。"本课题前后参加研究的人员有50余人，分布在国内及海外近30所高校。如何将这些研究人员组织起来，集思广益，凝神聚力？课题组在"集全国高校之力"上，下了大力气。

原先设想由某个高校具体负责某块项目研究，但该想法在实际操作中遇到了问题。开题报告会后，课题组调整后的组织方式体现出优势来。四个研发小组的组长取代了原来子课题负责人的职位和功能，优势体现在：他们面对的是具体的项目，而不是具体的研究人员；他们针对项目选取研究人员，而不是为已有的研究人员配备研究内容；他们可以从全国高校选择自己相中的研究人员，而不需采取先满足校内再满足校外的程序和方式。人尽其才，物尽其用，效率提高，质量保证，自然是意料之中的结果。例如，书系组的 20 多位作者来自 15 所高校，综述组的作者来自 12 所高校。这是第一个方面。

第二个方面，就是充分利用会议的机会，将会议定位于有目标的会议、有任务的会议，让会议开出成效来。自课题立项之后，围绕着课题的研究进展，课题组已经开过多次会议。一是一年一度的"教学语法学术讨论会"，课题组所有人员都参加，至今已经开过多届：淮北（2017）、扬州（2018）、南宁（2019）、黄山（2020），等等。二是一年多次的课题专项讨论会，有需要就开。如在杭州，就分别开过综述组、数据平台组、书系组的专项讨论会；在南京、上海都开过大纲组的专项讨论会；2020 年 7 月，在腾讯会议上开过两次大纲组的专项讨论会；等等。这些会议目标明确，交流便捷，解决问题能力强，时间跨度短，是联络不同高校研究人员的好方式。

这套书的所有主编和作者都十分尽力。对外汉语教师的工作量很大，大多数人都有每周 10 节以上的课时量；况且，大多数人的手上还有自己的科研项目要做，还有自己指导的研究生的论文要看，还有各自的不同研究论文要写。种种忙碌和辛苦之中，要挤出这么多时间和精力，去从事另外一块研究任务，还是高标准、有要求、无报酬的研究任务，如果没有一种对对外汉语教师这个职业的由衷热爱，没有一种为对外汉语教学事业做点儿贡献的精神支撑，他们是断然不可能接受这样的研究任务的。更何况有些作者接受了两项不同的研究任务，研究强度和研究压力可想而知。因此可以这么说，这些成果渗透着作者们的辛劳，饱含着作者们的心血，每一本都是"呕心之作"，这样的赞誉是得当的。

北京语言大学出版社是这个项目的合作者和推动者。项目立项不久，出版社和课题组就有过接触。出版社前后两任社长和总编辑都向课题组表过态，希望这个课题的所有成果能在北京语言大学出版社出版，出版社愿意为课题的宣传、推广、出版尽责任，做贡献。2020 年 1 月，课题组和出版社有过进一步的密切联系，敲定了详细的合作计划。2022 年 3 月，出版社申报的"对外汉语教学语法丛书"成功入选 2022 年度国家出版基金资助项目。这些成果的出版，没有出版社的支持是做不到的。

再次感谢在漫长的研究过程中给予我们支持、帮助的所有老师和朋友。

展现在读者面前的是四部大纲：两部分级大纲和两部分类大纲。大纲的指导思想、理论背景和编写体例，读者自可以通过阅读大纲加以了解。在大纲即将研制完工、准备付梓印刷的时候，从研究人员角度思考，以下两点是大家的真切体会，很想写出来与读者们共享。

（1）大纲的研制是一个漫长的过程，这个过程一直伴随着研究人员的思考和摸索。研制这四部大纲，在学界都是首次，没有人做过，没有经验可以学习参照，一切问题都要自己解决。从回答为什么要研制分级大纲和分类大纲开始，三四年的研制过程中，无数的问题困扰着这些研究人员，需要他们面对。每走一步，都有一个问题等着，都需要解决了之后方能前行，方能继续下去，"走好过程"，这个过程教会了大家思考。

（2）大纲的研制是一个不断学习、不断改进、不断提高的过程，这个过程见证了这些研究人员的成长和成熟。通过这次研制，这些研究人员已经具有相当水准的专业背景，具有较为全面的知识结构，更重要的是具有相当强的科研能力：他们懂得编著大纲的基本原理，了解语法项目析出的程序和方法，严谨的研究风气已经渗入到每个科研人员的个人风格之中。可以这么说，大型科研项目对科研队伍的培育发挥了极大的作用。

谨以此作为总序。

齐沪扬

初稿于 2020 年 7 月

二稿于 2022 年 5 月

三稿于 2022 年 12 月

序

国家社科基金重大项目"对外汉语教学语法大纲研制和教学参考语法书系
（多卷本）"（17ZDA307）之大纲系列四册成果，现已完成并将付梓。项目总负
责人兼首席专家齐沪扬教授嘱我为此系列四册书稿写个序。作为一名从事对外汉
语语法研究的同行，我是深感荣幸并乐意为之的。

教学语法大纲之于对外汉语语法教学理论建设和实践指导的价值毋庸置疑。
正因如此，伴随着新中国对外汉语教学各个历史时期的发展，都会有一些类型、
用途各异的语法大纲不断问世，直到2021年7月《国际中文教育中文水平等级
标准》以国家语言文字规范的形式正式实施。而今天呈现给学界的两套四册成果
（《对外汉语教学语法初级大纲》《对外汉语教学语法中级大纲》《对外汉语教学语
法书面语大纲》《对外汉语教学语法口语大纲》），已构成一个体制基本完备、分
级分类两相结合的对外汉语教学语法大纲系统。相较于业已出版的各种语法大
纲，这无疑是大纲编写体制上的一个创新，也是一个尝试。而这也正体现出这套
大纲作为对外汉语参考语法研究的基本属性和独特价值。

这四册大纲分别由来自我国对外汉语教学界三所重要高校的一线中青年教师
编写完成，他们是南京师范大学张小峰老师、上海交通大学段沫老师、上海外国
语大学邵洪亮老师、唐依力老师和朱建军老师。他们不仅有对外汉语教学的丰富
实践经验，而且更有汉语语法学的深厚理论素养，再加之有齐沪扬教授的悉心指
导，他们对"为谁编写大纲""编写什么样的大纲"以及"怎样编写大纲"这些
关键问题，都潜心思考并认真践行。"以学习者语言能力的培养为目标""凡是能
促进学习者语言能力的语法项目都应析出为大纲的项目"这一认识，不仅体现在

他们所写的各册前言或编后的文字当中，更是贯彻在了各册大纲的每条线、各个点的编写当中。而这也正是这套语法大纲称得上是"项目搜罗更全、语法点切分更细、项目排序更便于教学和习得"的重要原因。

要编写出符合新时代要求、富有创新意识和精品意识的分级分类大纲，并使它们彼此形成既相互联系又各具特色的大纲体系，实非易事。细心的大纲使用者将会发现：基于"以句子为中心"的语法教学观，把所有语法项目纳入句子平台框架；把大纲条目与学习手册的编写熔为一炉，做到纲举目张；大纲条目的编写尽量观照句法、语义和语用三个平面……这些应当说都是这四册大纲的共有特征。

编写通用型语法大纲的传统由来已久，现存的各种语法大纲基本都可以归入此范畴。因此，《对外汉语教学语法初级大纲》《对外汉语教学语法中级大纲》要在此基础上推陈出新，真正做到青出于蓝，就是大纲编写者们所要面对的最大挑战。好在张小峰老师和段沫老师，他们基于对已有教材、大纲语法项目的大数据分析，科学而合理地解决了初级大纲和中级大纲在语法项目选择上的分段与衔接这一根本性的问题。将初级大纲项目限于复句以内的句子单位，而将中级大纲项目拓展至大于复句的句群、篇章，甚至加入话语标记的内容，这就在内容框架上，把初级大纲和中级大纲做了较为明确的区分。我想，有了编者们这样的努力，再来说初级和中级通用型语法大纲具有创新性和科学性，就不再是海市蜃楼了。

编写通用型分级语法大纲不易，而要编写分类型语法大纲则更难，因为在此之前，学界尚无分语体的语法大纲问世。随着这些年语体语法意识的觉醒，学界对分别开展书面语和口语语法教学的要求愈加迫切。因此，编写书面语和口语的分类语法大纲，不仅是语体语法意识增强的体现，更是时代的召唤、历史的必然。邵洪亮老师编写的《对外汉语教学语法书面语大纲》，以教学应用和学习需求为导向，穷尽性地抽取具有书面语语体倾向的语法项目，编就书面语语法大纲，一定会有力支持中高级汉语的书面语语法教学；唐依力老师和朱建军老师编写的《对外汉语教学语法口语大纲》，更是广为搜罗、爬梳剔抉而得此大纲，一定会将口语语法教学提升到一个崭新的高度。齐沪扬教授在总序中称赞："书面语语法大纲和口语语法大纲的研制，填补大纲研究的空白⋯⋯"此言名副其实。

分级分类语法大纲建设，是一个浩繁的系统工程，而且它也将随着语法理论研究和语法教学实践的发展而日臻健全、完善。我相信，对外汉语教学界广大同人在为这四册大纲的出版感到欣慰和鼓舞的同时，也会更加期待《对外汉语教学语法高级大纲》早日问世。

谨向分级分类大纲的各位编写者表示热烈的祝贺、由衷的钦敬和美好的期待!

是为序。

张旺熹

2022 年 5 月 30 日

目　录

前　言

一、对外汉语教学语法分级大纲的定位与框架

对外汉语教学语法分级大纲（以下简称"本大纲"）分为初级和中级两部分。

本大纲是对外汉语语法教学的工具书、参考书，主要服务于对外汉语教学领域的一线教师、研究者、研究生、本科生，旨在满足对外汉语语法教学过程中查疑、解难的使用需求。

本大纲探索建立以句子为核心、以表达为导向的汉语作为第二语言教学语法框架，其主体框架为：

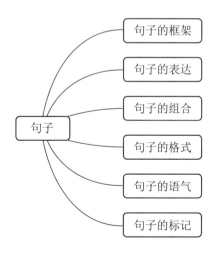

二、本大纲的语法观、学习观与教育观

教学语法大纲服务于语法教学实践，是语言教学理论与语言教学实践的桥梁。教学语法大纲的桥梁作用，建立在它的语法观、学习观与教育观上。

首先来说明本大纲的语法观。本大纲主张以句子为核心构建对外汉语教学语法系统。传统的观点认为，语法是把词组成词组或句子的规则。掌握了一定数量的词汇，掌握了语法规则，就具有了生成句子的能力。然而，这种看法很大程度上忽视了语法规则的局限。凭借"数＋量＋名"这一组合规则，难以保证一定生成合法的词组，"一口猪"是合法的，但"一口牛"就是不对的。凭借"动词＋宾语"这个规则，可以生成"吃饭"这样的合法词组，但不能生成"吃食堂"这样具有构式特性的表达。懂得结果补语的构造，也解释不了为什么可以说"吃饱了（饭）"，却不能说"看饱了（书）"。利用规则构造词组或句子是一回事，在真实的言语交际中使用它们又是一回事。同样是"一封信"，"一封信写好了"不行，而"一封信也没写"却可以；"一封信写好了"不行，去掉"一封"，说成"信写好了"就可以；如果是回答"他在做什么"这个问题，"他在写信"是恰当的，"他在写一封信"却很不自然。可见，将语法视为组词成句的规则，以此来指导语言运用，无论对结构生成还是语言表达，都是不够充分的，因为它既没有充分说明语言形式具体的表达功能，也没有充分说明语言表达对语言形式的具体选择。

从语言表达的角度看，语言的使用者总是在一定的语境中以言行事，脱离语言环境的、抽象的语言形式的系统描写与语言的实际使用是脱节的。说话者必定处于某一个语境，先有表达意图，然后才利用语言形式生成句子，而不是先确定语言形式，再进行意义表达。语言学的研究早已突破了结构主义的局限，朝着更为广阔的语义学、语用学、言语行为理论、社会语言学、篇章语言学、认知语言学、互动语言学等领域迈进，尽管形式分析提供了简单、清晰、实用的描写语言形式系统的方法，但语言不应脱离语境、脱离话题、脱离说话者与听话者而进行独立的研究。与此相适应，第二语言教学应在语言形式系统描写的基础上，采取更为丰富的视角。20世纪70年代初，Wilkins提出了意念大纲（notional syllabus）理论，引入了语义—语法范畴、情态意义范畴和交际功能范畴，在

语言教学中大胆地把语言与语境、语言与语言的使用者结合起来。Savignon 和 Widdowson 等进一步提出了交际语言教学（communicative language teaching），Hymes 也提出了语言交际能力这个概念。美国外语教学委员会 1996 年出版、1999 年修订的《21 世纪外语学习标准》的核心主题是 5C，即 Communication（交际）、Cultures（文化）、Connections（贯连）、Comparisons（比较）、Communities（社区），其关键目标是培养学生的交际能力与综合素质。语言学习不再是学习从语言整体中分析出来的语音、词汇、语法等要素，不再是把碎片化的要素组合起来，而是围绕语言交际能力这一核心目标，将语言作为一个整体来学习。

这要求我们从语言教学的角度重新思考语法规则与语言现象的关系。语法不应仅仅建立在静态语言单位构造规则的基础上，还应更多关注动态语言单位的使用特点与使用规律。张旺熹（2003）认为，围绕汉语句子而展开的多层次研究应当是对外汉语教学语法系统建设的中心任务，从句子出发，着重研究句子与词组、句子与句子、句子与语境之间的相互选择与相互制约关系。对这三重关系的深入研究，是完善对外汉语教学语法系统的一个重要条件。[①] 冯胜利、施春宏（2011）在阐释"三一语法"时也指出，三一语法是一种新型的二语语法教学体系，其基本框架包括句子的形式结构、结构的功能作用、功能的典型语境这三个维度，它们彼此独立而又互相联系，构成一个有机整体。[②] 李先银（2020）也提出将"基于使用的语法理念"确定为对外汉语语法系统的指导思想。[③] 这些思想都突显了句子在构建教学语法系统中的基础性作用。

以句子为核心建构大纲的框架，主要有以下三个优点。

第一，句子是语法形式描写的"整合"框架。国内对外汉语教学界构建"对外汉语教学语法体系"，可以从 20 世纪 50 年代初开始算起。1952—1955 年，朱德熙先生在保加利亚索菲亚大学任教期间编写的汉语教材中包含的语法点，可以看作对外汉语教学语法体系的雏形。1958 年出版的《汉语教科书》（上、下册）

---

① 张旺熹（2003）关注以句子为核心的三重关系研究——谈对外汉语教学语法系统的建设，国家汉办教学处，《对外汉语教学语法探索》，北京：中国社会科学出版社，第169页。
② 冯胜利、施春宏（2011）论汉语教学中的"三一语法"，《语言科学》第5期，第464页。
③ 李先银（2020）互动语言学理论映照下对外汉语教学语法系统新构想，《语言教学与研究》第2期，第1页。

确立的语法体系是对外汉语教学界公认的第一个对外汉语教学语法体系，这一体系不仅在之后各个时期的主干教材中得到了继承和发展，而且对 20 世纪 80 年代后考试大纲和教学大纲的研制产生了深刻影响。其中影响最大的三个大纲分别是《汉语水平等级标准与语法等级大纲》（1996）、《高等学校外国留学生汉语言专业教学大纲》（2002）和《高等学校外国留学生汉语教学大纲（长期进修）》（2002）。这些大纲将教学语法看作语法点的集合，如刘英林主编《汉语水平等级标准与语法等级大纲》（1996）中，所列语法项目总共 1168 项（甲级 129 项、乙级 123 项、丙级 400 项、丁级 516 项）。语法点是语言学习的要点，也是语言教学的要点。对外汉语语法教学中的许多环节，如教材编撰、教学理论的贯彻、教学技巧的运用等等，都是围绕着语法点展开的。把语法项目作为研制大纲的切入点，其重要性是不言而喻的。

但是，教学语法大纲是服务于有计划的语言学习过程的，它不应局限于碎片化的语法项目，而应是碎片化与整体化的有机统一，这样才能以较为理想的方式促进语言学习活动。离散的语言点使得语言面貌"碎片"化，大大削弱了大纲"纲举目张"的意义。我们希望找到一个恰当的语法形式描写"平台"，可以把离散的"语法点"整合起来，将语法教学建立在一个简明的汉语语法框架基础上，从上而下地逐步促进学生建构较为系统的汉语语法面貌。对学习者而言，这样的语法大纲就像是一幅地图。这幅地图可以给学习者提供一门语言的整体景观，以帮助学习者在这幅地图上定位，遵循着简明的路径，抵达期望的目的地。一个好的语法大纲，应该如同一幅地图一样，便于学习者发现、理解、掌握语法形式所表达的意义与功能，从而为创造性地使用汉语提供有效的指导。

句子是基本的表达单位，一个语法项目，无论是词还是词组，无论是实词、虚词还是话语标记，它们相互的联系与相互作用的方式都会体现于句子的表达当中。可以说，句子的基本格局是一门语言整体景观的框架。以主语为例，《汉语水平等级标准与语法等级大纲》（1996）分列 5 个语法点（甲 051-055）来说明名词（包括时间词、处所词）、代词、数词、名词词组、"的"字词组、动词、动词词组、形容词、形容词词组及主谓词组来充当主语的情况。充当主语的成分如此繁多，不利于学习者把握汉语主语的本质特点，从而给学习者造成相当大的困扰。一门语言有自己的基本格局，就汉语而言，它是一种话题优先的语言。赵元任（2018）指出，在汉语里，把主语和谓语当作话题和说明来对待，比较合适。[①]朱德熙（2021）指出，从表达上说，说话的人有选择主语的自由。……说话人选来做主语的是他最感兴趣的话题，谓语则是对选定了的话题的陈述。[②]吕文华（2014）也指出，汉语是话题突出的语言，汉语的句子结构模式是"话题—陈述"。[③]因此，很有必要在汉语学习的起始阶段就向汉语学习者介绍汉语主语的内涵，使学习者尽早建立汉语句子"话题—陈述"的基本结构模式。在掌握这种基本结构之后，后续的其他语法项目可以在这个基本结构的基础上进行扩展和延伸。因此，我们主张以句子为"平台"，采取自上而下的思路建构大纲的框架。本大纲初级部分第一部分就是"句子的框架、功能与成分"，第一个语法项目"【初001】主谓句"，既是对汉语句子基本格局的说明，也是本大纲的起点。

　　第二，句子是语法分析与综合的有机结合体，便于语法项目的析取与解释。分析与综合，是第二语言教学的一对矛盾。不加以分析，语言系统无法清晰地展示出来，学习无法入手；不进行综合，学习的要素不能得体地使用。而句子恰恰是分析与综合的有机结合：向里，它是结构问题；向外，它是表达问题。句子是平衡结构与功能、分析与综合的关键语言单位，也是本大纲语法项目析取、解释的基本依据。以动词为例，在语言表达中，动词起着核心的作用。就汉语而言，动词关涉到对象、位移、结果、状态、可能、时量、动量、情态、动态、主动、被动、修饰与限定等表达需要，这些表达有哪些语言形式可供使用？使用这些语言形式时有哪些限制或要求？围绕这些问题，我们先把动词语法项目按照表达需求分为以下13种，即：

　　（1）动词与关涉对象的表达

　　（2）趋向动词与空间位移的表达

　　（3）趋向动词的引申用法

　　（4）动词与相关结果的表达

　　（5）动词与相关状态的表达

---

① 赵元任（2018）《汉语口语语法》，北京：商务印书馆，第45页。

② 朱德熙（2021）《语法讲义》，北京：商务印书馆，第96页。

③ 吕文华（2014）《对外汉语教学语法讲义》，北京：北京大学出版社，第103页。

（6）动词与事态可能性的表达

（7）动词与时量的表达

（8）动词与动量的表达

（9）能愿动词与情态的表达

（10）主动与被动的表达

（11）动词与态的表达

（12）动词的重叠

（13）动词的修饰与限定

在此基础上，说明相应类别下具体的、可供选择的语言形式，如"时量的表达"中，分列以下6个语言形式：

（1）动词（可持续）+ 时段

（2）动词（可持续）+ 了$_1$ + 时段

（3）动词（可持续）+ 了$_1$ + 时段 + 了$_2$

（4）动词（可持续）+ 过 + 时段

（5）动词（非持续）+ 了$_1$ + 时段 + 了$_2$

（6）动词 + 时段 + 宾语（名词）；动词 + 宾语（代词）+ 时段

最后从形式、意义、用法三个方面加以具体说明，如"【初 096-3】时量补语"具体呈现为：

形式：动词（可持续）+ 了$_1$ + 时段 + 了$_2$

意义：表示动作行为持续一段时间后对当前产生某种影响。

用法：动词为持续性动词。一般要有后续的句子说明产生的影响。

例句：

这本书看了三天了，还没看完呢。

我等了一个小时了，火车还没到。

我们设计的大纲基于句子的使用，是由表达驱动的。大纲语法项目的析出与解释，出发点是表达，落脚点是形式。一个语法形式，不仅是一个形式结构体，更是实现表达需求的工具。由此，对语法项目的解释必须是多维的，这种解释能综合体现一个项目语法、语义、语用之间的紧密关系。说话人想表达什么？需要什么语法形式？这个语法形式有什么语义特点？要满足什么语用条件？只有把它们说清楚，说具体，才能起到指导具体教学实践的作用。

第三，句子是交际行为的直接载体，便于说明交际互动对语法形式的选择与影响。交际能力大于语言能力，这已经是公认的结论。语言交际能力包括三个范畴，即操作语言形式结构系统的语言能力、在上下文中运用语言形式的语篇能力和在具体交际情景中运用语言形式结构的语用能力。交际能力体现为交际行为，句子是交际行为的直接载体，它是语言能力、语篇能力、语用能力这三个范畴互相影响、互相作用的结果。一个汉语学习者，如果他能够以言行事，通过说话或写作做好需要完成的事情，我们就有把握说他是一个成功的汉语学习者。说话或写作都是产出性交际能力。能准确地说出来或写出来一句话，必定掌握了这句话从词到词组、到句子的各个层次的语法规则及其相互关系，这是语言能力的体现；能流利地说出来或写出来一段话，必定掌握了句子的组织与衔接的规则，这是语篇能力的体现；能得体地说出来或写出来符合情景要求的一句话或一段话，这是语用能力的体现。

句子的使用，能够全面、直接地体现出学习者的语言水平。可以说，创造性地生成句子，是学习者语言能力最根本、最直观的体现——这是衡量学习者交际能力的关键指标。从理论上说，凡是能够促进学习者创造性生成句子的相关因素都应该在语法项目的解释中加以体现——不仅是语法形式，还应包括语法形式所蕴含的语义特点、语用功能以及交际互动对语法形式的选择与影响。本大纲依托句子的表达，对此进行了重点的关注。例如，"【初 004-1】疑问句：是非问"的"用法"中重点说明了简短应答时语法形式的选择：选择谓语动词或形容词的肯定或否定形式，或选择"对、是（的）、不、没有、也许"进行简短应答。与此同时，特别说明了对用否定形式引导的提问的应答方法。

再如，依据语气词"吧"的使用情景，将"吧"这个语法项目分为祈使句句末"吧"、是非疑问句句末"吧"、陈述句句末"吧"三个小的语法点，其中，祈使句句末的"吧"（【初 211-1】不肯定的态度：吧）描写举例如下：

形式：祈使句 + 吧

意　义：表示说话人礼貌温和的态度。

　　用法： 句末带"吧"的祈使句，主要用来建议或请求。这一建议或请求是温和而礼貌的。

　　例句：

时间不早了，我送你回家吧！

时间不早了，你陪我回家吧！

　　需要说明的是，这并不是说有三个不同的"吧"，实际上，出现在祈使、疑问、陈述三种言语行为中的"吧"有其语义共核，即说话人不肯定的态度，不同言语行为中的表达特点是其核心语义与言语行为结合后互相作用后的变体。但从表达的角度看，分开来是有益于学习者习得的。

　　话语的组织是语言教学的重要内容之一，汉语的话语标记体现了汉语的话语结构特点和民族语言心理，是掌握地道、生动的汉语表达必学必会的内容，具有重要的语法—语用教学价值，本大纲的中级部分也专门设立了"话语标记"一章，对中级阶段常用的话语标记进行了说明。

　　其次来说明本大纲的学习观。传统的结构型语法大纲根据语法形式，将语法体系分解为一个个相对独立的语法形式，语法教学以这些语法形式为目标，通过结构形式的操练，从而使学习者获得对语法形式的反应及操作技能。结构型语法大纲代表的是行为主义学习观。

　　结构型大纲蕴含的学习观影响是巨大的，但语言学习的任务远远超出了语言形式，语言形式的掌握程度远远不能充分地描写第二语言学习者的语言水平。无论是中介语分析，还是对学习者行为的观察，或者心理语言学的实验，都已经说明了这一点。斯特恩（2018）指出，形式与意义的融合在第一语言中不言自明，而在新的语言中则是缺失的。对于第二语言学习者来说，第二语言的形式是没有意义的，初看上去是任意的，有时甚至怪异、不自然。[1]

　　对于第二语言学习者来说，重要的是给一个语言形式赋予意义。学习者只有理解了某个语法形式的作用，掌握了这个语法形式使用的"时机"，也就是母语者为什么要用这个语法形式，才有可能正确地、创造性地使用它。比如，状态补

---

[1]　H. H. 斯特恩（2018）《语言教学的基本概念》，刘振前、宋青、庄会彬译，北京：商务印书馆，第449页。

语是一个常用的语法项目，既是教学重点，也是教学难点。学生常常会问结果补语和状态补语的区别。比如，为什么"风筝飞高了"中的"高了"是结果补语，而"风筝飞得高高的"中的"高高的"却是状态补语？两句话说的不都是风筝的高度吗？"结果补语"和"状态补语"到底有什么不同呢？结果补语和状态补语结构上的差别很明显，也很好掌握。这个问题不是由形式构造引起的，而是由语法形式使用的"时机"引起的。从形式上看，"风筝飞高了"这句话是一个句子，但从意义上看，其实表达了两个事件，一个是"风筝飞"，另一个是"风筝高了"，这两个事件有着密切的关系。从时间的角度来观察，随着"风筝飞"这一事件在时间上的展开，"风筝"达到了一定的高度，"风筝飞"引起了"风筝高"，说话人观察"放风筝"这一事件，当风筝在某一时点达到一定高度时，说话人才会说"风筝飞高了"。结果补语表示事件发展过程中的一个点的状态。而"风筝飞得高高的"从意义上看，这句话同样表达了两个事件，一个是"风筝飞"，另一个是"风筝高高的"，但它不是在描述事件发展过程中的某一时点的状态。我们看一个孩子开始放飞风筝时，不会说这句话；在风筝由低到高的过程中，也不会说这句话。只有在风筝已经"飞高了"之后，才会说这句话。所以，从时间的角度来观察，"风筝飞得高高的"这一事件是在"风筝飞高了"之后，它表示的是观察到某一状态的持续。即使没观察到放飞风筝的过程，只要观察到风筝已经高高地在天上飞，就可以说这句话。可见，状态补语用来表示事件在达到某个状态以后的持续过程。这既是两者的联系，又是两者最为重要的区别。

语法形式是对语言现象的抽象概括，要达到形式与意义的完全匹配，往往需要一个较长的学习过程，这不是仅仅通过意义解释就可以完成的，而是需要利用不同的语言现象、从不同的角度逐渐加以丰富、完善。名量搭配这个学习难点可以很好地说明这一点。以个体量词"根"为例，初级大纲对"根"的呈现如下：

【初 033-13】根

形式：数词／指示代词＋根＋名词（词组）

意义：用于细长的东西。

用法：与"根"搭配的常见名词有：（1）绳线类，如毛、线、毛线、电线、绳子、头发；（2）日用器物类，如蜡烛、火柴、灯管、吸管、筷子、棍子、针、香烟；（3）食物类，如葱、黄瓜、香蕉、甘蔗、面条儿、香肠；（4）植物类，如草、竹子、树枝、木头；（5）身体类，如骨头、肠子。

例句：

这是一根纸吸管。

这根黄瓜很新鲜。

个体量词"根"的组合形式概括为"数词／指示代词＋量词＋名词（词组）"，其意义解释为"用于细长的东西"，但对学习者来说，这只是形式与意义匹配的起点，因为并不是所有"细长的东西"都可以用"根"，比如与"蛇""腿""枪"等名词组合的个体量词是"条"，而不是"根"；也不是所有"细长的东西"都只可以用"根"，比如"绳子、线、肠子"等名词既可以和"根"组合，也可以和"条"组合。学习"根"，就不能只关注"根"本身的意义，而要关注名量的双向选择。因此，大纲具体列出了相应的名词，以便学习者给"数词／指示代词＋根＋名词（词组）"这个形式及"用于细长的东西"这个意义逐步注入语言材料，最终使"形式"和"意义"完全匹配。从学习的角度看，"数词／指示代词＋根＋名词（词组）"这一形式并不是教学的难点，因为它的构造形式很简单。习得"根"的难点在于与其搭配的具体的名词，通过这些名词全面掌握"根"的用法并与"条"进行准确的区分，这没有一个适当的过程是难以做到的。

因此，意义的建构是语法项目学习的核心，本大纲对语法项目进行设置与解释时，着眼于意义建构，重视语法形式与语法意义的有机融合。语法形式的设置不是孤立的词，而是一个组合，因为这个组合是表达意义的一个整体；意义的解释离不开具体的语言现象，因为这些语言现象从不同角度说明了形式与意义匹配的细节，这些细节对语言的表达是至关重要的。这是本大纲蕴含的语法学习观。

最后来说明本大纲所蕴含的教育观。语法教学是第二语言教学的一个重要部分，但不是一个孤立的部分，语法教学的内容往往是与其他课程内容交织在一起的，语法教学的目标也往往是课程总体目标的组成部分，而不是全部。语法大纲不宜片面地强调语法的系统性，应从课程的整体设置上出发，遵循基本的教育规律，充分考虑学习者的特点，选择具体的语法内容，安排合理的教学顺序，采取得体的解释方法。

　　从课程的角度看，语法大纲是对课程教学内容的选择、分级、排序与解释。语法项目的选择是教学内容的问题。语法教学内容无法仅仅根据语法自身来确定，同样是初级汉语，教学对象不同，教学目标不同，课程水平的高低，学习时间的长短，都对教学内容的选择有影响。因此，具体课程语法项目的选择应根据语言课程的对象、目标、水平和时长来确定。与此相适应，我们认为语法教学大纲选取的项目是具体课程语法教学设计的可选"菜单"，它们是汉语学习者形成汉语交际能力的基本项目，不求系统，但求"管用"。比如，汉语的名词在大纲中是否要分为可数名词和不可数名词？似乎没必要，因为这个知识点对名词的使用几乎没什么实质影响。但"们"却应该作为一个项目收入大纲，因为它是汉语表达复数的一个常用手段。此外，这个"菜单"不妨丰富一些，有些相对复杂的语言项目会分为具体的小点，以便课程根据实际情况灵活选择。

　　大纲语法项目的分级与排序，一直是一个难以解决的问题。有专家建议从语法结构本身入手，综合考虑语法项目的结构、语义、用法等多种因素进行排序（吕文华，2002），也有专家强调重视相关结构之间的衔接关系与衔接距离（卢福波，2003）。有专家从习得表现入手，建议以语法项目习得的难易程度进行排序，如邓守信（2003）对语法点的困难度进行了说明，认为困难度低的语法点具有以下几个特征：（1）习得较快；（2）使用频率高；（3）不易化石化；（4）病句出现频率低。与之相对，困难度高的语法点具有以下特征：（1）习得较慢；（2）使用频率低；（3）易化石化；（4）常回避使用；（5）病句出现频率高。[①] 这些特征具有良好的可观察性，对确定语言点的难度很有价值。但是，这些特征之间可能是矛盾的。比如"了"使用频率很高，但却是一个突出的难点，不仅习得慢，而且容易化石化；量词的成员较多，"数词＋量词＋名词"这一组合规则习得较快，但具体的量词和名词的选择却又习得较慢。更为棘手的是，有些语法项目甚至缺乏排序的基础，是先教程度副词，还是先教范围副词？正如卢福波（2003）所指出的那样，一部分语法项目的排序事实上是无所谓先后的，先讲与后讲并不影响知识的衔接性与科学性。[②] 还有专家建议从认知的角度入手，根据Corder（1967）

---

① 邓守信（2003）对外汉语语法点难易度的评定，国家汉办教学处《对外汉语教学语法探索》，北京：中国社会科学出版社，第102-111页。

② 卢福波（2003）对外汉语教学语法的层次划分与项目排序问题，《汉语学习》第2期，第55页。

提出的"内在大纲"①，按照第二语言习得的"自然顺序"分级排序。尽管汉语语法习得顺序研究仍在推进，但学界仍然不能描述一个完整、清楚的"内在大纲"。正因为如此，唐曙霞（2004）认为，依照所谓的难易程度安排语法项目，能够解决某些问题，但不是所有的问题。因而在分级和排序时，难免带有一定的随意性，影响了语法大纲合理、科学的程度。②

　　语法项目的分级、排序不是一个单纯的语言学问题，也不是一个单纯的习得或认知问题，一个唯一正确的语法教学顺序可能并不存在，设计一个具有严格等级及教学次序的大纲或许是不现实的。但是卢福波（2003）指出，这并不意味着对外汉语语法教学是一种无序的教学，更不意味着我们不能做出层级的界定与项目顺序的排列。③语言的学习是一个渐进的过程，语法项目的分级与排序的根本目的是服务于课程教学实践的，但它们的着眼点不同，在教学实践中的作用也不同。分级着眼于语言水平的高低，是宏观的。如果是一门面向初级水平汉语学习者的汉语课程，往往关心的是哪些项目是必不可少的；如果是一门面向中级水平汉语学习者的汉语课程，往往关心的是应该深化到什么程度。初级水平课程要教授介词，中级水平课程也要教授介词，但"除了"在初级，"除"在中级，这是因为"除"是"除了"的深化，"除"具有更为严格的语用限制。初级水平课程要教授"把"字句，中级水平课程也要教授"把"字句，但中级的"把"字句的使用情景扩展了。还有的语言项目初级没有，中级有，比如"话语标记"这个项目，这也是中级水平课程在语法方面的深化。

　　排序着眼于语法项目之间或者语法项目内部语法点之间的具体关系，是微观的。有的语法项目之间存在结构上的衔接关系，如果不先学习 A，B 学起来就很困难，这样的语法项目应该排序。比如，可能补语应该放在结果补语之后，"把"字句应该放在补语之后，疑问句应该放在陈述句后，否定形式应该放在肯定形式后。有的语法项目内部须细分为若干语法点，如果语法点之间在结构上是扩展

---

①　Corder, S. P. (1967). The significance of learner's errors. *International Review of Applied Linguistics in Language Teaching*, 5, 161-170.

②　唐曙霞（2004）试论结构型语言教学大纲——兼论汉语教学语法体系分级排序问题，《世界汉语教学》第4期，第97页。

③　卢福波（2003）对外汉语教学语法的层次划分与项目排序问题，《汉语学习》第2期，第55页。

的，则按照由简单到复杂的顺序排列，如初级大纲"数目的构造与读法"这个主题下按照系数词，位数词，10以上、100以下的整数，100以上、1000以下的整数，10000以上的整数这样的顺序对汉语数目的构造与读法进行了分层次的呈现。有的语法点之间不仅存在结构的扩展，同时语义也相应复杂化，如在"复合趋向动词（做补语）与位移"这个主题下，位移对象处于不同的语法位置时，表达的意义也有区别，初级大纲综合相关语法点形式、意义的复杂程度加以排序，具体为：

【初 085-1】主语（位移对象）+ 动词 + 复合趋向动词

【初 085-2】主语（施事）+ 动词 + 宾语（位移对象）+ 复合趋向动词

【初 085-3】主语（施事）+ 动词 + 复合趋向动词 + 宾语（位移对象）

【初 085-4】主语（施事）+ 把 + 宾语（位移对象）+ 动词 + 复合趋向动词

还有的语法点的语法意义随着不同的语用条件而发生变异，如语气词"啊"的作用主要是"添显"，但在不同的使用环境中又有所变异，初级大纲按应答、叙述、感叹、祈使、疑问等语用条件进行了排序，具体为：

【初 212-1】添显的态度：啊

形式：应答的陈述句 + 啊

意义：表示事情是显而易见的。

【初 212-2】添显的态度：啊

形式：叙述的陈述句 + 啊

意义：表示强化某种情感色彩。

【初 212-3】添显的态度：啊

形式：感叹句 + 啊

意义：表示强烈的情感。

【初 212-4】添显的态度：啊

形式：祈使句 + 啊

意义：表示提醒。

【初 212-5】添显的态度：啊

形式：特指问 / 正反问 / 选择问 + 啊

意义：表示积极或消极的发问态度。

【初 212-6】添显的态度：啊

　　形式：陈述形式的问句＋啊

　　意义：表示引起注意的发问态度。

　　需要说明的是，本大纲语法项目的序号不是严格的教学建议顺序，而是微观层面上综合考虑语法项目组织的条理性、内容的复杂度、难度及使用频率等多种因素的结果。在实际使用过程中，需要根据教学实际情况灵活把握。

三、本大纲的分级依据和标准

　　本大纲属于教学语法体系，划分水平等级是教学语法区别于理论语法体系的一个显著特征。从语法能力渐进提升的动态过程来看，教学语法是一个逐级拓展、精细化的动态语法体系。"拓展"指的是在语法单位的广度上，随着教学和学习的深入，语法体系的覆盖范围向新的语法单位逐步延伸；"精细化"则表现为已有语法单位在深度上新增出一些小类、特殊类及语法项目，或是已有语法项目在语义、结构、语用方面逐渐细化出更多的项目颗粒。"分级"就是在这个动态的语法系统拓展细化的过程中，确定几个关键的进度节点。在这些节点上可以截取出阶段性的"横截面"，从而明确教学的总体目标和范围，规划教学阶段和内容顺序的安排。

　　对外汉语教学语法体系的分级思想是逐步发展起来的。在教学语法形成之初，1958 年出版的《汉语教科书》只是根据教学需要，对教学语法体系做出了结构切分，还没有明确的等级划分。1988 年出版的《汉语水平等级标准与语法等级大纲（试行）》是对外汉语教学界第一次发布等级标准，它在继承《汉语教科书》语法体系的基础上，做出了水平等级上的阶段性划分，具体有甲、乙、丙、丁四个等级。甲级对应一级水平，呈现比较完整的语法体系，其余三个等级只是局部项目的补充、扩展。1996 年出版的《汉语水平等级标准与语法等级大纲》发展了等级划分的思想，明确提出"初—中—高"的三分模式，把语法项目分为三等四级，并且注意到了语法体系在广度上的扩展，如把"语素、口语格式"的项目安排在中级阶段，"多重复句、句群"的项目安排在高级阶段，更清晰地呈现了教学语法动态扩展的特点。2021 年发布的《国际中文教育中文水平等级标准》中的三等九级语法等级大纲进一步细化了教学语法的分级层次，同时大纲还去除了成语等适宜归入词汇教学的项目，使教学语法的范围更加明晰。目前主要语法大纲的分级情况见表 1：

表 1   主要语法大纲的分级情况

大纲名称	汉语水平等级标准与语法等级大纲（试行）	汉语水平等级标准与语法等级大纲	高等学校外国留学生汉语教学大纲（长期进修）	国际汉语教学通用课程大纲	国际中文教育中文水平等级标准
发布时间	1988 年	1996 年	2002 年	2014 年	2021 年
等级概况	四级	三等四级	三等十级	三等① 六级	三等九级
具体分级	甲级 乙级 丙级 丁级（缺）	初等 甲级、乙级 中等 丙级 高等 丁级	初等 一至四级 中等 一至四级 高等 一至二级	一级、二级 CEFR 初学 三级、四级 CEFR 独立 五级、六级 CEFR 精通	初等 一至三级 中等 四至六级 高等 七至九级

大纲分级思想的发展同样体现在汉语教材的编写上。目前的一些主流的系列教材受教学大纲的影响，有意识地从目标学习者的水平等级出发，来规划套系分册，区隔学习内容，排布语法点。目前的一些主流教材在规划上对等级的称说见表 2：

表 2   主流系列教材的等级划分

教材名称	新实用汉语课本	发展汉语	博雅汉语	体验汉语	拾级汉语	成功之路
出版时间	2002 年	2004 年	2005 年	2006 年	2007 年	2008 年
等级划分	初级和中级前 中级	初级 中级 高级	初级 准中级 中级 高级	基础 中级 高级	初级 中级 高级	初级 中级 高级

---

① 《国际汉语教学通用课程大纲》的内容只有分级没有分等，但是大纲说明了与HSK等级和CEFR（欧洲语言共同参考框架）的对应关系。CEFR分为三等六级，所以我们认为《国际汉语教学通用课程大纲》等级框架实质上仍是分"等—级"的。

　　对比表 1、表 2 可以发现，教材的分级与大纲并不完全相同。上面提到的几部语法等级大纲是规划者研究制定的纲领性文件，为大规模的汉语测试提供统一的标准，规范语言教学和语言测试工作。而语言教材的分级往往是基于各自的编写计划、适用课程、使用对象等现实条件，对教材数量、内容上做出的安排。虽然教学规划、教学实践的具体分级不完全一致，但底层模型还是"初—中—高"的三分模式。因此本大纲采用这一主流分级模式，分别研制初级、中级两个水平等级的语法大纲。

　　客观来说，语言水平是渐进提升的，各水平等级之间的边界的确具有一定的模糊性，很难以一个精确的指标来划分。从教学的角度来看，分界的模糊性虽然是客观的存在，但模糊程度也有一个合理的区间，前人对此尚未给出明确的标准或范围。这对汉语教学是不利的，会带来初、中级界别混乱的问题，也是本大纲必须重视和确定的基础问题之一。

　　我们认为，要服务于教师、研究者、学习者等多种人群，就要依据目标人群的分级标准来确定"初级"和"中级"的分段与衔接。而他们的分级标准可以从他们生成的分级数据中去寻找。找到其中的主流分级指标和合理的区间数值，本大纲后续的项目析出、定级等工作就能够覆盖目标人群常见、常学的项目范围。但目标人群范围较广，生成的分级数据较为复杂，因此本大纲采用大数据检索和统计分析方法，以具有代表性的教学大纲作为教学规划领域的分级数据来源，并从专业的汉语教材数据库和出版社的汉语教材数据库获得教学实践领域的分级数据，通过学术文献数据库检索出教学研究者的分级数据。具体分级数据来源见表3：

表 3　本大纲分级数据来源

领域	来源类型	出处
教学规划	教学大纲	汉语水平等级与语法大纲（1996） 对外汉语教学初级阶段教学大纲（1999） 高等学校外国留学生汉语教学大纲（长期进修）（2002） 新 HSK 考试大纲（2009） 汉语国际教育用音节汉字词汇等级划分（2010） 国际汉语教学通用课程大纲（2014） 国际中文教育中文水平等级标准（2021）

续表

领域	来源类型	出处
教学实践	教材 （2010—2021）	全球汉语教材库 北京语言大学出版社官网 北京大学出版社官网 高等教育出版社官网
教学研究	论文 （1998—2021）	中国知网 （以"初/中/高级＋汉语＋语法"为关键词检索）

在 7 份教学大纲中，描述等级水平 13 份次。从教材、论文的数据来源中，检索出采用"初—中—高"三分模式的文本共 554 份，再经文本分析找出其中出现了等级水平描述的文本共计 62 份、描述等级水平 72 份次。其中，对外汉语教材 51 套①，对外汉语语法教材 3 套，书中描述等级水平 64 份次；论文有 8 篇，文中描述等级水平 8 份次。综合这些数据和大纲的数据，最终形成 85 份次的样本量（表 4）。

表 4　本大纲数据样本量统计表

数据来源	文本数量	描述次数（份次）
教材	54 套	64
论文	8 篇	8
大纲	7 份	13
共计	69	85

基于这 85 份次的样本量，大纲就初级、中级的分级具体考察两个问题：一是划分初级、中级的常用指标，二是初级、中级分级指标的量化及其合理浮动区间。

第一，确定等级划分所依据的指标。在 85 份次的样本中，用于指示汉语水平等级的指标涉及语言本体要素、交际能力要素、学习过程要素三个方面，其中

---

① "套"的认定标准为：系列教材按等级数计算套数，如初级教材为1套；同一等级内的分册合计为1套，如中级的上、下册算1套；单册出版的教材计为1套。

出现频率较高的指标是词汇量（20.8%）、HSK 等级（13.9%）、学习时长（11%）和语法点范围及数量（11%）。另外，根据相关性分析，语法指标与汉字量、词汇量呈中低度线性相关①，而与其他指标都是低度线性相关。基于以上分析数据，本大纲从作为教学语法大纲的本质属性出发，确定以语法指标为核心。而词汇属于高频指标，词汇、汉字与语法有一定的相关性，且同属语言本体要素，可以作为关联指标。同时，以典型二语学习环境②中的学习时长作为辅助性的参考指标。

第二，确定分级指标的定量描述。我们对三个指标的相关数据分别进行了统计分析，以计算置信区间的方式求取各个指标的合理区间，确定具体的分级指标。结果如下：

（1）以语法点的积累量来确定等级。从对语法点的统计分析（表 5、表 6）可以看出，初级、中级水平的语法点积累量分别为 207±53 个、405±217 个（图 1）。这反映了本大纲的目标人群目前认为划分"初—中"的语法点数量的合理范围是 207±53，划分"中—高"的语法点数量的合理范围是 405±217。

表 5　初级语法点积累量的合理区间

容量	11
均值	207.1818182
标准差	78.38599133
平均误差	23.63426564
置信度	0.95
自由度	10
t 分布的双侧分位数	2.228138852
允许误差	52.66042551
下限	154.5213927
上限	259.8422437

表 6　中级语法点积累量的合理区间

容量	6
均值	404.6666667
标准差	206.422544
平均误差	84.2716507
置信度	0.95
自由度	5
t 分布的双侧分位数	2.570581836
允许误差	216.6271745
下限	188.0394921
上限	621.2938412

---

① 语法、词汇量的r=0.489902384，语法、汉字量的r=0.427286682，0.3≤|r|<0.5，故为中低度线性相关。
② 指在目的语为第二语言（并非外语）的环境中，接受正规的语言培训或学习。如留学生来华专门学习或进修汉语。

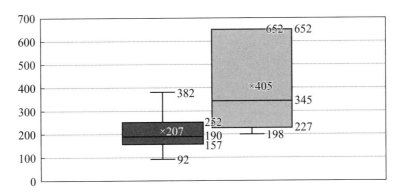

图 1　初级、中级语法点积累量的数据分布情况

（2）以"词汇量"作为"初—中"分级指标，合理区间为 2017±273（表 7、图 2）。也就是说，大纲的目标人群中的大多数认为以"是否掌握 2017±273 词"作为"达到初级水平，进入中级学习阶段"的标准。

表 7　初级词汇量的合理区间

容量	35
均值	2017.228571
标准差	794.7198576
平均误差	134.3321738
置信度	0.95
自由度	34
t 分布的双侧分位数	2.032244509
允许误差	272.9958226
下限	1744.232749
上限	2290.224394

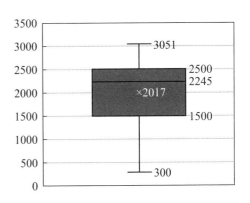

图 2　初级词汇量的数据分布情况

（3）以"汉字量"作为"初—中"分级指标，合理区间为 1117±388（表 8、图 3）。也就是说，以"1117±388 字"作为达到初级水平的分界点，大部分的目标人群是基本能接受的。

表 8　初级汉字量的合理区间

容量	8
均值	1116.5
标准差	464.3013
平均误差	164.1553
置信度	0.95
自由度	7
t 分布的双侧分位数	2.364624
允许误差	388.1656
下限	728.3344
上限	1504.666

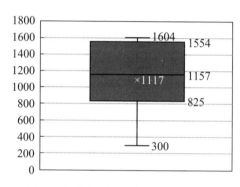

图 3　初级汉字量的数据分布情况

（4）以"学习时长"作为分级指标。从数据来看，对于来华进修的情况，目标人群的认识比较统一，"初级—中级"的分界集中在"满一学年"的时间点。我们仅观察到四个样本是以海外的学习时长为分级标准的，且相关数据离散程度较大（图 4）。也就是说，大纲的目标人群还是将"是否已有一学年的来华汉语学习 / 进修的经历"作为界定初级、中级水平的指标之一。

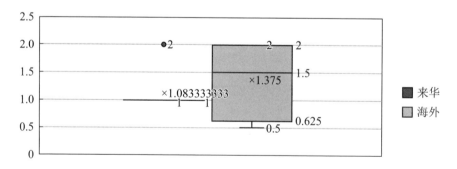

图 4　初级学习时长的数据分布情况

综合以上数据分析的情况，本大纲根据目标人群的主流观点界定初级和中级，即初级水平的语法点数量以 207±53 个为合理区间，中级水平的语法点数量以 405±217 个为合理区间。与此对应的是，大纲以"词汇量 =2017±273 词，

汉字量 =1117±388 字" 为相关分级指标，并参考 "一学年的来华汉语学习经历"
的学习时长来划分 "初级—中级"（表 9）。需要说明的是，词汇和语法指标属于
内化的知识，是特定语言水平的内在指征。时间属于外在的学习过程要素，是受
学习环境、教学条件等变量限制的人为设置。本大纲以典型的二语学习环境为
例，将其作为一种辅助性参照指标。

表 9　本大纲 "初级—中级" 分级标准

指标		数值
核心指标	语法点	207±53 个
关联指标	词汇	2017±273 词
	汉字	1117±388 字
参考指标	学习时长	一学年（来华进修）

本大纲主要将这一分级标准用于语法项目的析出和定级工作。初级、中级两
部大纲根据分级指标选取对应的代表性教材，如《新实用汉语课本》《汉语教程》
《发展汉语》《博雅汉语》《桥梁》等，作为语法项目的析出来源。而在确定项目
的等级时，我们考察该项目在以上教材以及大纲中的定级情况。在某个等级高频
出现的项目就是学习者在对应阶段的学习和测试中的常见项目，列入对应的等级
大纲的语法框架中。

总之，本大纲的分级和项目的定级都始终贯彻了 "源于教学实际，服务于教
学实际" 的编写思想。

四、语法项目的析出和归属

本大纲从目标人群的使用需求出发，基于汉语教学典型场景的常用文本，析
出各级语法项目并纳入大纲框架的相应位置，以分项呈列的方式展示对外汉语初
中级语法教学的基本面貌。

为确保所列项目符合实际，大纲在前期研发阶段，首先调查了《新实用汉语
课本》《汉语教程》《发展汉语》等国内外比较通行的汉语教材语法项目编写情况，
通过与《汉语水平等级标准与语法等级大纲》（1996）的对比，发现不同的大纲、

教材在语法项目的具体选择上有重合，但也有不少的差异（表10）。

表 10　部分大纲、教材的语法项目比对情况

大纲	教材			共计
	三本共有	两本共有	一本有	
甲（129）	68	24	19	111
乙（123）	11	12	43	66
丙（400）	1	11	41	53
丁（516）	0	0	12	12
总计	80	47	115	242

从这一结果来看，仅依据大纲或是单套（本）教材，无法完全甚至大部分契合教学实际中的主要语法项目。整体来看，语法项目除了罗列在具有规划性质的教学大纲中，也以教学点的形式排布在汉语教材中，还散见于有关教学语法和语法教学的研究著述之中。因此，兼顾汉语语法教学的规划、实施、研究等细分环节，才能较为客观地析出语法教学的共核部分，满足本大纲目标人群使用之需。

基于以上考虑，本大纲围绕教学大纲、教材、相关研究文献三类文本，提取其中的语法项目数据。这些文本主要包括：（1）现有的一些语法大纲、教学大纲，主要有：《对外汉语教学语法大纲》（1995）、《汉语水平等级标准与语法等级大纲》（1996）、《国际汉语教学通用课程大纲》（2014）、《国际中文教育中文水平等级标准》（2021）等；（2）与水平等级对应的通行系列教材分册、精读教材、综合教材，如《新实用汉语课本》《汉语教程》《发展汉语》《博雅汉语》《桥梁》《拾级汉语》《速成汉语基础教程》等；（3）与各等级阶段语法教学相关的论文、著作，具体详见各级大纲的使用说明及参考文献。大纲从以上文本中提取的数据包括语法项目的名称、来源、顺序、归类（包括语法类、语法项等多级定位信息）、形式（主体形式、变体形式）等信息，形成语法项目的数据库（表11）。

表 11　数据库中部分大纲、教材的语法项目统计 [1]

	文本	项目数量 [2]
大纲	汉语水平等级标准与语法等级大纲（1996）	1949
教材	桥梁（1996）	264
	汉语教程（1999）	488
	博雅汉语（2005）	712
	新实用汉语课本（2005）	709
	速成汉语基础教程（2007）	397
	发展汉语（2011）	694

　　通过比对大纲、教材中语法项目的重合情况，并结合研究著述以及对外汉语语法教材的相关内容，析出汉语教学"规划—实施—研究"等环节中的高频语法项目，为本大纲的具体语法项目的选择与安排提供了实践上的依据。然后借助全球汉语中介语语料库 1.0、HSK 动态作文语料库 2.0 等进行用频调查、等级验证，并结合专家意见对项目的取舍、定级、归并等加以确定及调整。

　　本大纲基于教学语法的整体框架逐一确定析出项目的归属，采取"立项上合为主，解释上分为主"的做法。形式相同但属于不同类目的，分项列出，如中级大纲中的介词"将"、副词"将"分别列目；形式和类目均相同但具有多个语义的，合为一项，并对各语义特征一一加以说明，如初级、中级大纲中趋向动词的引申用法就归在同一编号的项目中。

五、本大纲的主要特点

　　本大纲面向对外汉语教学实践，在总体设计、组织框架、呈现形式、解释方式上形成了自己的鲜明特点，具体说明如下：

---

[1]　初级大纲、中级大纲还分别对一些大纲、教材的对应水平等级的语法项目进行了提取、分析。因未覆盖文本全文中的语法项目，故暂不列入本表。

[2]　从文本中提取语法项目的时候，为便于后续的比对工作，其中一些语法结构因有多种形式、用词而分项列出，使得数据库的语法项目的颗粒度略高于大纲、教材，数据库中的语法项目数量因而也多于文本原文标示的数量。

　　第一，初、中级大纲一体化的设计。本大纲虽然分为初级大纲与中级大纲两部分，但两部大纲的设计思路是一以贯之的，主体框架是完全一致的：都是以表达为纲，以句子为核心，从句子的内部构成（词类与句子的表达）、句子的整体功能（句式）以及句子的外部组合（复句、句群）三个层面对语法项目的形式、意义、用法进行说明。初级大纲是基础，中级大纲是初级大纲的深化。例如，初级大纲和中级大纲都有"动词的多项修饰语"这个项目，但初级大纲重点说明了动词两项修饰语的用法，而中级大纲则较为概括地说明了动词多项修饰语的用法；初级大纲和中级大纲都有"把"字句这个项目，但初级大纲将"把"字句安排在了动作行为的"主动与被动的表达"这一节，旨在突出"把"字句使用的语用目的，且只说明了位置的变化、所属的变化及结果的变化这三个具体的表达功能，而中级大纲将"把"字句独立安排，在表达上引入了信息焦点，解释得更加深入概括。这么设计，体现了教学上的螺旋式上升。与此同时，中级大纲吸收了构式语法、篇章语法、话语分析的研究成果，将语法项目扩展到能产的语块、句群和话语标记，形成了中级大纲的特色与创新。

　　第二，基于表达的组织框架。本大纲将表达上紧密联系的项目归为一类，形成一个表达主题，以显示相关的语法形式在语法系统中的位置与关系。以初级大纲"形容词与程度的表达"为例，这个主题下按照程度表达的等级分列了六个语法项目，分别是：

　　【初 118】低程度的表达

　　【初 119】中等程度的表达

　　【初 120】高程度的表达

　　【初 121】极高程度的表达

　　【初 122】最高程度的表达

　　【初 123】过度程度的表达

　　同一主题下的语法项目不是孤立存在的，而是互相支持、互相补充的，它们是这一主题下的一块块"拼图"。学习者对这个主题学习得越全面、越系统，就越能促进对各个语法形式的理解与使用；与此同时，随着各个语法形式的学习，学习者对这个表达主题的理解与把握会越来越到位。在这个双向的"拼图完形"

过程中，学习者逐步完成语法形式与语法意义的完全匹配。

第三，新颖的呈现形式。本大纲未采取纲目式列举语法形式的呈现方式，而是采取了"形式—意义—用法"三维立体的、词条式呈现方式，并配以例句进行具体的展示。在初级大纲中，"形式"原则上采用"组块"方式进行描写，以呈现语法项目在实际应用中的基本组合。在中级大纲中，"形式"的描写较为灵活，有的呈现为"组块"方式，有的直接呈现为相应的词，这与中级水平学习者的水平是相适应的。"意义"重在说明"形式"在表达中的功能，也就是为什么要使用这个"形式"。"用法"重在对这个"形式"在使用时的相关情况进行具体说明。例如，初级大纲中副词"在"呈现为：

【初 109-1】进行态

形　式： 在 + 动词（词组）

意　义： 表示动作行为在某一时点已经开始且尚未结束。

用　法： 如果要描述动作行为在多个时点具有同样的状态，可以在动词前加相应的时间副词。

例句：

他在上课。

外面在下雨。

我经常在想，什么样的生活才是幸福的生活？

这几个月他一直在休息。

"形式"说明了"在"的组合搭配，"意义"说明了"在"使用的目的，即当说话人需要表达"动作行为在某一时点上的状态"时要用"在"，"用法"又补充了"在"限定动作的行为的一个变异情况，即"多个时点具有同样的状态"，并说明了这种情况下"在 + 动词（词组）"和时间副词的组合关系。之所以选择这种呈现方式，是由本大纲的定位决定的。本教学语法大纲定位于对外汉语语法教学的工具书、参考书，它服务于对外汉语语法教学实践，"形式—意义—用法"这三个维度，既是学习者掌握语法项目的重点，也是教师进行课堂教学设计的关键。这种呈现方式可以简明扼要地说明一个语法点的组合形式是什么、为什么要用这个语法形式以及怎么使用这个语法形式，以期切实地满足语法教学的实际需要，达到帮助学习者选择正确的语法形式来表情达意的目的。

第四，实用的解释原则。陆俭明（1998）指出，在对外汉语教学中，不要大讲语法，特别不要一条一条地大讲语法，而要善于点拨，这对一名汉语教师来说，要求不是低了，而是高了。[①] 要做到有效的"点拨"，需要从教学实践出发，对语法项目进行具体充分的解释。所谓具体充分，首先要明确语法组合条件。规则泛化是第二语言学习者常见的偏误，因此，讲清楚一个语法规则的适用范围是很有必要的，比如在初级大纲"【初 076-6】及物动词关涉动作行为"这个条目中，我们具体列举了带动词性受事宾语的常用动词，目的是明确及物动词带动词性宾语的具体限制。再比如中级大纲"【中 040】出"的引申用法中，说明动词"要具有制作、生长、寻找、思考、引起、表达或显露等意义"。所谓具体充分，就是要把语言形式要做什么说清楚，例如，在解释"【初 247】用'为的是'关联"时，我们没有简单地使用"目的"这个术语，而是结合"小句₁，为的是＋小句₂"这一形式，将它的意义解释为"前一小句表示行动，后一小句表示心中设想的结果"。再如解释"【中 083】大多"时，指出它"用于说明概率大"。要做到具体充分，还要关注语法项目的语用条件。比如"【初 182-1】提醒与强调"这个项目，将副词"究竟"解释为"进一步追问"，并进一步说明了具体的语用条件：如果问别人，有催促别人提供确切信息的意味；如果问自己，有进一步深入思考的意味。再如中级大纲的话语标记部分，更是直接围绕话语标记的语用条件进行了解释。

---

① 　陆俭明（1998）对外汉语教学中经常要思考的问题，《语言文字应用》第4期，第4页。

编写说明

一、初级大纲的定位

对外汉语教学语法初级大纲（以下简称"初级大纲"）是对外汉语教学语法大纲的组成部分。初级大纲以句子为核心、以表达为导向，呈列汉语作为第二语言学习者表情达意需要的基础、实用语法形式及其组合，为初级汉语语法教学查疑、解难提供参考。

二、初级大纲的结构

初级大纲主体内容分为十七章。第一章介绍了句子的整体框架、交际功能与构成成分，旨在明了汉语句子的整体格局，以便大纲使用者从上而下地将第二章至第十五章的内容整合到句子中来。第二章至第十五章分别说明了名词、数词、量词、时间词、方位词、处所词、动词、形容词、区别词、代词、副词、介词、助词、语气词、叹词在句子中的表达功能及相应语法形式，第十六章依托关联词语说明了句子与句子的组合，第十七章说明了常用句式的表达功能。初级大纲语法项目的具体分布见表 12：

表 12　初级大纲语法项目分布表

语法项目所属类别	语法项目所在章节	语法项目数量
句子的构造与功能	第一章　句子的框架、功能与成分	12

续表

语法项目所属类别	语法项目所在章节	语法项目数量
句子的表达	第二章　名词与句子的表达	13
	第三章　数词与句子的表达	7
	第四章　量词与句子的表达	8
	第五章　时间词与句子的表达	27
	第六章　方位词、处所词与句子的表达	8
	第七章　动词与句子的表达	42
	第八章　形容词与句子的表达	17
	第九章　区别词与句子的表达	3
	第十章　代词与句子的表达	25
	第十一章　副词与句子的表达	21
	第十二章　介词与句子的表达	25
	第十三章　助词与句子的表达	分散于相关语法项目中
	第十四章　语气词与句子的表达	6
	第十五章　叹词与句子的表达	11
句子的组合	第十六章　关联词语与句子的组合	22
常用的句式	第十七章　常用句式与表达	5
总计		252[①]

正文前的"现代汉语句子的结构单位"简要说明了词的语法类别与主要的词组类型，旨在对初级大纲使用的语法术语进行概要说明，以便大纲使用者参考翻阅。

[①] 介词"比""被""把"只立了条目，具体内容分别参见比较句、"被"字句和"把"字句；"方位词与时间的表达"也只立了条目，具体内容参见"时点的表达"一节。因此，实际项目是 248 项。

正文后编制了索引，以方便读者找到所需语法项目。索引分两种，一种按语法项目的类别排列，一种按语法项目的音序排列。

三、初级大纲的语法项目

1. 项目设置

初级大纲围绕句子的表达设置语法项目，具体说明如下：

（1）语法项目通常设置"表达主题、语法项目"两个层次。"表达主题"按节设置，每个小节的开头有一段概括的说明，作为语法项目设置的引导。语法项目是对小节主题的细化，如第二章第2小节的主题是"名词的指称"，这一小节下具体包括"【初015】指数词组表指称、【初016】代词表指称、【初017】形容词'全'表指称、【初018】区别词'所有'表指称、【初019】光杆名词表指称、【初020】后缀'们'表指称"六个语法项目。

（2）同一个语法项目，如果包含不同的形式与功能，则设置语法点。如"名词的指称"下设"【初015】指数词组表指称"这一语法项目，根据指数词组的不同形式与功能，又分为【初015-1】至【初015-6】六个语法点。同一层级的条目是并列关系，排序综合考虑了语法条目的条理性、内容的复杂度、难度及使用频率等多种因素，但并不是严格的教学建议顺序。

（3）部分语法项目设置了"参见"条目。主要有两种情况：一种是语法项目较为复杂，学习难度大，大纲对其进行了分解，如结构助词"的、地、得"虽然单设了语法项目，但它们的用法及说明分散在相关的语法项目中；另一种是语法项目可以安排在不同的主题下，为避免重复设置了"参见"条目，如比较句在句式中设置了条目，但具体的说明在第八章第2小节"形容词与程度的比较"中。还有一些则是为了提供互见参照。

2. 项目来源

首先，初级大纲注重继承已有的一系列对外汉语教学大纲的研究成果，大纲语法项目选取主要参考了以下大纲：

（1）王还主编《对外汉语教学语法大纲》（1995）

（2）刘英林主编《汉语水平等级标准与语法等级大纲》（1996）

（3）杨寄洲主编《对外汉语教学初级阶段教学大纲》（1999）

（4）国家对外汉语教学领导小组办公室编《高等学校外国留学生汉语教学大纲（长期进修）》（2002）

（5）孔子学院总部/国家汉办编《国际汉语教学通用课程大纲》（2014）

（6）孔子学院总部/国家汉办编制《HSK 考试大纲》（2015）

（7）教育部、国家语言文字工作委员会发布《国际中文教育中文水平等级标准》（2021）

其次，我们调查、对比了《汉语教程》《新实用汉语课本》《发展汉语》《博雅汉语》等国内外较为通行的汉语教材语法项目编写情况，进一步了解了语法项目在教学实践中的使用情况，为具体语法项目的选择与安排提供了实践上的依据。

最后，我们还将汉语作为第二语言教学的教学语法参考书、偏误分析论著及各类工具书作为语法项目析出和验证的参考，具体见参考文献。

3．编写体例

初级大纲语法项目由编号、名称、形式、意义、用法、例句六个部分组成，各部分名称标识均加黑突出，具体说明如下：

（1）语法项目的编号。语法项目的名称前加等级标识与序号，等级标识与编号加【】。初级大纲的等级标识为"初"。序号为三位阿拉伯数字，表示语法项目，全部项目统一编号。如果一个语法项目细分若干小点，则在编号后加"-数字"。

（2）语法项目的名称。语法项目原则上以表达功能命名，但根据小节的主题及语法形式的具体情况，也有一些调整。如第一章第 1 小节的主题是句子的框架，则所设项目依据句子的结构命名为【初 001】主谓句、【初 002】非主谓句。部分项目直接以具体的词作为条目名称，如第四章第 1 小节"个体量词与名词的选择"中均以量词本身作为条目名称，如"【初 033-2】本"。

（3）语法项目的形式。"形式"是语法项目在句子中的实现形式。大多数语法条目的形式不是孤立的词，而是组合形式。大纲重视形式与意义的匹配，重视根据区别性特征描写语法形式。如第十章第 3 小节"疑问代词与疑问的表达"中"【初 152】问人"这一条目下，根据疑问代词"谁"充当主语、动词宾语、介词宾语、定语四种句子成分的不同用法，分列了【初 152-1】至【初 152-4】四种形式；再如第十章第 1 小节"人称代词与代称的表达"中"【初 141】自身的代称"这一条目下，根据"自己"指称对象的区别，分列了【初 141-1】至【初 141-4】四个语法点。

（4）语法项目的意义。"意义"是对语法项目功能的概括，重在说明一个语法项目在表达中有什么用，要"做什么"。"意义"也是语法项目设置的重要因素。同一个语法形式下，如果有不同的语法意义，则加以分列。如第七章第 1 小节"动词与关涉对象的表达"中"及物动词关涉两个对象"这个条目，根据动词的语义特点，即给予义、取得义、述说义、称谓义，分为【初 076-2】至【初 076-5】四个小点。

（5）语法项目的用法。语法项目的用法说明一个语法项目的使用"细节"，有的和语法形式有关，有的和语法意义有关，有的和语用条件有关。综合考虑学习者习得情况，用"注意"提醒学习者应该关注的问题。例如"【初 022-1】名词的描写"的"用法"说明中，用"注意"提醒学习者"的"字不能省略。

（6）语法项目的例句。语法项目的例句旨在帮助使用者更好地理解形式、意义和用法的要点。本大纲重视例句的教学价值，在例句编写时强调以下原则：第一，例句尽量体现项目的典型用法和功能，所举例句与用法说明紧密联系；第二，例句尽量选用学习者所熟悉的交际情境；第三，必要时也以对话的形式举例，以更好地说明语法项目的使用语境；第四，语料多基于人民日报、光明日报的数字报语料库，但具体例句大都进行了修改，以突显主要信息，也有少部分是自编的。

（7）符号的使用。为了方便，本大纲使用了一些常用的符号，说明如下：

①＋表示成分间的连接，如"这 / 那＋量词＋名词"；

②（　　）表示可隐现的部分，如"每＋（一＋）量词＋名词"。（　　）又表示

补充说明，如"动词（给予义）"。（　　）还表示优先组合，如"（不／没＋副词＋）动词"表示否定副词"不／没"和副词优先组合后修饰限定动词；

　　③／表示具有并列关系，意思相当于"或者"，如"这／那＋量词＋名词"；

　　④ p、q 表示复句中的小句；

　　⑤……表示例句中省略的部分；

　　⑥为了醒目，例句中用下画实线标示所说明的语法形式。如有必要，用下画波浪线标示与语法形式直接相关的成分；

　　⑦＊表示用例是不合法的。

现代汉语句子的结构单位

1. 词

词是能够独立使用的最小的语言单位。汉语的词以单音节和双音节为主，多音节词较少。双音节词比单音节词多，但单音节词比双音节词更为常用。按照词的语法特点，汉语的词可以分为 17 个类别。

1.1 词的音节

（1）单音节词

特点： 只包含一个音节。

例子：

人　马　水　车　吃　走　大　小　都　和　的　吗

（2）双音节词

特点： 包含两个音节。

例子：

飞机　今天　教室　这样　认识　干净　正在　除了　不但

（3）多音节词

特点： 包含三个或三个以上音节。

例子：

电影院　洗衣机　对不起　没关系　公共汽车　电子邮件

1.2　词的类别

（1）名词

特点：用来表示人和事物的名称，通常可以受数量词组或指数词组修饰。

例句：

她是一位老师。

我买了一本书。

这件事不难。

看，那架飞机起飞了！

（2）数词

特点：用来表示数目，一般和量词组合起来使用。

例句：

我喝了两杯水。

每个汉字写五遍。

（3）量词

1）个体量词

特点：与数词组合，用于个体对象的计量。

例句：

我买了五本书。

一只兔子在吃草。

2）集合量词

特点：与数词组合，用于成组或成群对象的计量。

例句：

妈妈买了一套衣服。

请给我一双筷子。

3）度量量词

特点：与数词组合，用于计量长度、重量等。

例句：

他跑了<u>八百米</u>。

<u>一斤</u>肉多少钱？

4）借用量词

特点：本身是名词，与数词组合，借用为量词。还可以受形容词修饰。

例句：

妈妈做了<u>两桌子</u>菜。

妹妹吃了<u>一（小）碗</u>饭。

5）不定量词

特点：包括"点儿"和"些"两个成员，用于模糊计量。数词只能用"一"。

例句：

喝<u>一点儿</u>茶！

妈妈去超市买了<u>一些</u>东西。

6）动量词

特点：与数词组合，用于表示动作行为的数量。放在动词后。

例句：

这本书我读了<u>两遍</u>。

我去了<u>一趟</u>图书馆。

（4）时间词

特点：用于表示某个时间位置。

例句：

他<u>今天</u>有汉语课。

<u>现在</u>的交通很方便。

（5）方位词

特点：用在名词后表示某个空间位置，用在介词后表示动作行为的方向。

例句：

桌子<u>上</u>有很多书。

教室<u>里</u>干干净净的。

向左转！

从前往后读。

（6）处所词

特点：用来表示某个空间位置。

例句：

附近有一家超市。

我们去外边走走吧。

（7）代词

1）人称代词

特点：用来指代交际对象或替代先行词语。

例句：

你什么时候去南京？

小明是我的好朋友，我和他明天去爬山。

2）指示代词

特点：用来指示对象、时间、处所等或替代先行词语。

例句：

这是我弟弟。

那会儿你刚上小学。

你坐这儿，我坐那儿。

图书馆要安静，这是规定。

3）疑问代词

特点：用来就某一信息进行提问。

例句：

谁去超市买东西？

今天学什么了？

天气怎么样？

我们在哪儿上课？

这个汉字怎么读？

（8）动词

1）动作动词

特点： 表示动作行为。

例句：

他经常看电影。

他休息了。

2）心理动词

特点： 表示心理状态。

例句：

我爱我家。

小明非常怕冷。

3）判断动词

特点： 主要成员为"是"。放在主语和宾语之间，表示主语和宾语的多种关系。

例句：

王明是学生。

这本书是老师的。

4）存现动词

特点： 表示存在、出现、消失。

例句：

餐厅在二楼。

图书馆里有很多书。

汽车到了。

我的钱包丢了。

5）趋向动词

特点： 主要用在动词后表示位移方向。

例句：

王老师走进教室，开始上课。

他从包里拿出来一本书。

6）能愿动词

特点：用在动词（词组）前表示事情的可能性、必要性或主观的愿望、需求。

例句：

他生病了，不能参加运动会了。

下雪了，开车要小心。

放假以后，我想回家看看。

（9）形容词

特点：用来表示性质，可以受程度副词的修饰。

例句：

那棵树非常高。

房间收拾得特别干净。

（10）区别词

特点：用在名词前，表示人或事物的属性、类别。

例句：

初级汉语很简单。

我们班男学生比女学生多。

（11）副词

特点：主要用来修饰、限定动词（词组）、形容词（词组），表示范围、时间、程度、方式、否定、语气等。

例句：

你去公园，我也去公园。

我已经回家了。

天气很热。

他悄悄地走进教室。

我不想去看电影。

她果然会说汉语。

（12）介词

特点： 后面加名词性成分组成介词词组，一般放在动词或形容词前，用来引入时间、地点、方向、对象等。

例句：

未来<u>从</u>今天开始。

王明<u>在</u>教室上课。

<u>向</u>前走，前面就是银行。

<u>给</u>我打电话！

这棵树<u>比</u>那棵树高。

（13）连词

特点： 用来连接词、词组或句子。

例句：

桌子<u>和</u>椅子都擦干净了。

<u>或者</u>你去，<u>或者</u>我去，都可以。

（14）助词

1）动态助词

特点： 包括"了（le）、着（zhe）、过（guo）"三个成员，主要放在动词或形容词后，表示某种动态意义。

例句：

他学<u>了</u>半年汉语。

这件事一直忙<u>了</u>两个多月。

外面下<u>着</u>雨。

教室的灯还亮<u>着</u>。

我学<u>过</u>汉语

每个人都年轻<u>过</u>。

2）结构助词

特点： 主要包括"的（de）、地（de）、得（de）"三个成员，用来把相应的词或词组组合在一起。

例句：

这是<u>我的</u>书。

我喜欢<u>红的</u>。

作业<u>写得完</u>。

她<u>高兴地</u>笑了。

（15）语气词

特点： 主要附着在句子末尾，用来表示某种情感态度。

例句：

你是学生<u>吗</u>?

现在八点了<u>吧</u>。

他在上课<u>呢</u>。

这座山真高<u>啊</u>!

天晴<u>了</u>。

（16）叹词

特点： 用来表示呼唤、应答或感叹。单独使用。

例句：

<u>喂</u>，您好!

<u>啊</u>! 太漂亮了!

（17）拟声词

特点： 用来模拟声音。

例句：

小狗<u>汪汪</u>地叫。

<u>哗哗哗</u>，水流得很急。

2. 词组

句子里的词总是按照一定的语法关系组合在一起的，词组就是词和词的组合。词组是句子构造的重要单位。

2.1　名词词组

形式：修饰、限定成分＋名词

功能：常做主语、宾语。

例句：

妹妹喜欢红裙子。

汉语课不难。

他是我爸爸。

2.2　数量词组

形式：数词＋量词

功能：常做定语或补语。

例句：

一班有30个学生。

每个汉字写五遍。

2.3　指数词组

形式：这／那／哪＋数量词组（数词"一"常省略）

功能：常做定语。语境清晰的情况下，被限定的名词常常省略。

例句：

那三本（书）是新的。

你试试这几件（衣服）。

哪（一）本是汉语书？

2.4　方位词组

形式：名词＋方位词

功能：常做主语、宾语、定语。

例句:

桌子上有一本书。

我在楼下等你。

墙上的画儿很漂亮。

2.5 动词词组

（1）动宾词组

形式: 动词＋对象成分

功能: 常做谓语。

例句:

他在吃苹果。

我经常画画儿。

（2）动补词组

形式: 动词＋补充成分

功能: 常做谓语。

例句:

衣服洗干净了。

下课了，同学们站了起来。

字写得清清楚楚。

（3）状中词组

形式: 修饰、限定成分＋动词（词组）

功能: 常做谓语。

例句:

比赛九点开始。

他高兴地笑了。

王明在写作业。

我们都去博物馆。

2.6 形容词词组

（1）状中词组

形式：修饰成分 + 形容词

功能：常做谓语、定语。

例句：

天气有点儿热。

他比我高。

她买了一件很好看的衣服。

（2）形补词组

形式：形容词 + 补充成分

功能：常做谓语。

例句：

这件衣服贵一点儿。

我比他大两岁。

2.7 介词词组

形式：介词 + 名词或名词性成分

功能：常做状语。

例句：

我把衣服洗干净了。

他们在教室上课。

往前走，银行就在前面。

今天比昨天热多了。

老师对我们很热情。

2.8 "的"字词组

形式：词或词组 + 的

功能：用来修饰、限定名词，做定语；替代名词，做主语、宾语。

例句：

这是一个<u>有趣的</u>想法。

<u>看电影的</u>时候不要说话。

<u>穿衬衣的</u>是我弟弟。

我去买<u>吃的</u>。

第一章　句子的框架、功能与成分

1. 句子的框架

人们说话时，往往先有一个谈论的话题，它是交流的起点；人们选择了话题后，要对这个话题加以陈述，它是交流的发展。汉语是话题突出的语言，说话人可以根据交际需要灵活选择话题。从句子的框架来看，"话题"部分为句子的主语，"陈述"部分为句子的谓语。

【初 001】主谓句

形式：主语＋谓语

意义：说话人选择话题，并对话题加以说明、描述。

用法：话题的选择比较自由，陈述的形式多种多样。充当话题的对象是确定的，一个话题可以引导不止一个陈述。

例句：

我看过这本书。

这本书我看过。

这本书很有意思。

这本书十几块，很便宜。

那条裙子价格不贵，质量很好。

【初 002】非主谓句

形式：单词或非主谓词组

意义： 就现场交际语境做出反应。

用法： 常用于说话和行动紧密结合的对话场景。

例句：

蛇！

啊？

对！

下雨了，快跑！

好冷呀！

2. 句子的功能

从句子的功能来看，汉语的句子通常分为陈述句、疑问句、祈使句和感叹句四种类型，它们在结构和表达上都有自己的特点。

【初003】陈述句

形式： 主谓句/非主谓句

意义： 用于向听话人报道一件事情。

用法： 句调平直，句尾略降。有肯定形式和否定形式。否定词用"不"或"没（有）"，参见【初178】不、【初179】没（有）。

例句：

我吃了一个苹果。

汉语不难。

他没去图书馆。

A：谁？

B：我。

【初 004-1】疑问句：是非问

形式：陈述句 + 吗

意义：用来就某事进行提问。

用法：常用谓语动词或形容词的肯定或否定形式进行简短应答，也可用"对、是（的）、不、没有、也许"进行简短应答。应答后常常跟着完整的句子进行说明。注意：用否定形式引导的提问，要根据事实来选择肯定或否定应答形式。如果事实与问话一致，用肯定形式；如果事实与问话不一致，用否定形式。参见【初 209-1】–【初 209-3】怀疑的态度：吗。

例句：

A：你喜欢学汉语吗？

B：喜欢。/ 不喜欢。

A：你是学生吗？

B：对（是），我是学生。/ 不，我不是学生。

A：你迟到了吗？

B：是的，我起晚了。/ 没有，我早就到了。

A：明天会下雪吗？

B：也许吧。

A：你没学过汉语吗？

B：是的，我没学过汉语。

A：你没学过汉语吗？

B：不，我学过汉语。

【初 004-2】疑问句：特指问

形式：用疑问代词替换陈述句中的相关信息点

意义：用来就某个信息进行提问。

用法：主要针对主语、宾语、定语、状语、状态补语进行提问，答句常常针对疑问点进行简要的回答。

例句：

A：谁去公园？

B：我去。

A：你在看什么？

B：我在看书。

A：这是谁的书？

B：我的。

A：你什么时候去超市？

B：今天下午。

A：他的汉语说得怎么样？

B：说得好极了。

【初 004-3】疑问句：选择问

形式：并列两项或多项谓语

意义：用来就某两件或几件事进行提问。

用法：常用"还是"来连接。经常选择其中的一个项目回答，也可以另行回答。

例句：

A：咱们打篮球还是打排球？

B：打篮球吧。

A：你今天去还是明天去？

B：我想后天去。

【初 004-4】疑问句：正反问

形式：并列陈述句谓语的肯定形式与否定形式

意义：用来从肯定和否定两个角度就某事进行提问。

用法：多选择其中的一项来回答。

例句：

A：你有没有时间？

B：有。／没有。

A：你想不想去打球？

B：想。／不想。

【初 005】祈使句

形式：你（们）／您／咱们／○＋动词（词组）

意义：用来要求或建议听话人做某事。

用法：主语往往省略不说，谓语动词是听话人能够自主控制的动作行为。

例句：

您坐！

等等我！

咱们回家吧！

【初 006】感叹句

形式：多为非主谓句，也可以为主谓句，带有明显标志

意义：主要用来表达强烈的情感。

用法：句调变化幅度大，在语流中使用感叹句时，音量往往会增大。句
子中常用"多、多么、真、太"等程度副词表示程度高，"多、多

么、真"一般和语气词"啊"搭配使用,"太"一般和"了"搭配使用。

例句:

危险!

多高兴啊!

这个孩子真可爱呀!

真冷啊!

太热了!

3. 句子的成分

句子成分是句子的组成部分,汉语的句子成分有六种,它们是:主语、谓语、宾语、补语、定语和状语。主语和谓语是句子的结构框架,宾语和补语是谓语动词(形容词)的附带成分。定语和状语是修饰成分,其中,定语主要用来修饰名词,状语主要用来修饰动词或形容词。

汉语句子成分的组合顺序特别重要。主语在前,谓语在后;谓语动词(形容词)在前,宾语和补语在后;修饰语在前,被修饰语在后。

3.1 主语

从表达的角度看,话题是多种多样的。它可以是人和事物,也可以是时间、处所、性质、行为、数量。从结构的角度看,话题充当句子的主语。与之对应,可以充当主语的词或词组的类别也是多种多样的。如果谈论的话题是不言自明的,这时句子可以没有主语。

【初 007-1】主语

形式: 名词(词组)做主语

意义: 以具体的人或事物作为话题。

用法：在语境清晰的情况下，由数量词组和指数词组限定的名词充当主语时，名词常常省略。

例句：

<u>哥哥</u>常常去图书馆。

<u>西瓜</u>很甜。

<u>我的朋友</u>有一只狗。

<u>这本（书）</u>好看。

<u>一斤（苹果）</u>三块。

【初 007-2】主语

形式：代词或"的"字词组做主语

意义：以指代的人或事物作为话题。

用法：在语境清晰的情况下，"的"字词组常独立使用。

例句：

<u>我们</u>都喜欢汉语。

<u>那</u>是你的座位。

<u>吃的</u>在冰箱里。

<u>大的</u>贵，<u>小的</u>便宜。

【初 007-3】主语

形式：时间词、处所词做主语

意义：以时间、处所作为话题。

用法：谓语是对时间、处所本身特点的说明。参见【初 066】时间词做主语、【初 074-1】-【初 074-3】存在句、【初 075】隐现句。

例句：

<u>今天</u>星期一。

<u>这个月</u>比较忙。

外面冷，多穿点儿衣服！

学校附近有一家超市。

【初 007-4】主语

形式： 动词（词组）、形容词（词组）做主语

意义： 以动作行为、性质状态作为谈论话题。

用法： 动词后不用动态助词，形容词前一般不用程度副词。

例句：

说很重要，做更重要。

学习汉字有点儿难。

认真好，马虎不好。

【初 007-5】主语

形式： 主谓结构做主语

意义： 以某一事情作为谈论话题。

用法： 做主语的主谓词组中不用动态助词。

例句：

我去上海很方便。

天冷一点儿没关系。

一斤五块很便宜。

3.2　谓语

人们选择了话题后，要对这个话题加以说明或描述，它是交流的发展。从结构上看，这就是谓语。汉语的谓语主要由动词（词组）、形容词（词组）来充当，名词（词组）在一定条件下也可以充当谓语。需要注意的是，主谓结构本身也经常充当谓语，这是汉语的一个特点。

【初 008-1】谓语

形式： 动词（词组）做谓语

意义： 说明与话题所指对象相关的动作行为。

用法： 动作行为与主语的语义关系是多样的。主语常常是动作行为发出者，
但也可以是动作行为承受者或其他相关的角色。

例句：

你<u>听</u>！

他<u>在床上躺着</u>。

姐姐<u>吃了一个苹果</u>。

衣服<u>洗干净了</u>。

这个包<u>装书</u>。

【初 008-2】谓语

形式： 形容词（词组）做谓语

意义： 描写与话题所指对象相关的性质或状态。

用法： 形容词独立做谓语时往往用来对比，否则一般要在前面带程度副词。
形容词的重叠形式做谓语是自由的。

例句：

这间教室<u>大</u>，那间教室<u>小</u>。

这本书<u>很好看</u>。

教室<u>干干净净的</u>。

【初 008-3】谓语

形式： 名词（词组）做谓语

意义： 说明话题具有的某一特点。

用法： 主要用来说明日期、节令、天气、国籍、籍贯、外貌等特点。

例句：

明天<u>周末</u>。

后天春节。

他中国人。

我上海人。

那个孩子大眼睛，高个子。

【初 008-4】谓语

形式：数量词组做谓语

意义：说明所涉话题的数量特点。

用法：主要用来说明价格、高度、长度、年龄等。

例句：

一斤五块。

身高两米。

他二十了。

【初 008-5】谓语

形式：主谓结构做谓语

意义：说明话题关涉的事情、状态或特征。

用法：充当全句谓语的主谓结构（大谓语）中的谓语（小谓语）可以是动词
　　　　性的，也可以是形容词性的或名词性的。充当话题的全句主语（大主
　　　　语）是已知信息，它与充当全句谓语的主谓结构（大谓语）在意义上
　　　　有多种关系：有时候它与大谓语的动词发生关系，可以是动作行为的
　　　　发出者（施事）或动作行为涉及的对象（受事），还可以是动作行为
　　　　涉及的处所、工具等；有时候它与大谓语的主语（小主语）发生关
　　　　系，两者常常是领属关系；还有时候它只是一个谈论对象，与大谓语
　　　　只有间接的联系。

例句：

他汉语说得很好。

汉语他说得很好。

这间教室<u>我们上课</u>。

这个包<u>我装衣服</u>，你用那个包吧。

他<u>个子高</u>，我<u>个子矮</u>。

期末考试<u>题目不多</u>，<u>难度不小</u>。

苹果<u>一斤五块</u>。

3.3　宾语

宾语是谓语的组成部分，它是谓语动词的附加成分，出现在谓语动词后，用来说明动作行为涉及的相关对象。宾语和动作行为在意义上的联系是多种多样的。

【初 009-1】名词性宾语

形式：名词性成分做宾语

意义：说明动作行为关涉的对象。

用法：名词性宾语由名词（词组）、代词、数量词组、指数词组、"的"字词组来充当。参见【初 076-1】及物动词关涉单个对象、【初 076-2】-【初 076-5】及物动词关涉两个对象。

例句：

弟弟在看<u>书</u>。

我问了<u>一个问题</u>。

我写了<u>一封信</u>。

我买了<u>五个</u>。

你说<u>什么</u>？

小明去<u>哪儿</u>？

我买<u>大的</u>。

【初 009-2】谓词性宾语

形式：谓词性成分做宾语

意义：表示心理或认知上感知的动作行为、状态、事情。

用法：由动词词组、形容词词组或主谓词组充当。参见【初 076-6】及物动
　　　　词关涉动作行为、【初 076-7】及物动词关涉性质状态、【初 076-8】
　　　　及物动词关涉事情。

例句：

很多人喜欢踢足球。

我觉得很高兴。

我知道他会说三种语言。

妈妈希望我早点儿回家。

3.4　补语

补语是谓语的组成部分，它是谓语动词或形容词的附加成分，出现在谓语动
词或形容词后，用来补充说明动作行为或性状特点。补语所表达的语义类型是多
种多样的。

【初 010-1】补语（结果）

形式：动词 + 形容词 / 动词

意义：表示动作行为导致的结果。

用法：参见【初 093-1】-【初 093-4】结果补语。

例句：

衣服洗干净了。

作业写完了。

【初 010-2】补语（趋向）

形式：动词 + 趋向动词

意义：表示某对象位移的方向。

用法：参见第七章第 2 小节 "趋向动词与空间位移的表达"【初 078】-【初
　　　　085】。

例句：

他跑<u>上</u>五楼。

我们走<u>回去</u>吧。

【初 010-3】补语（可能）

形式：动词＋得／不＋形容词／动词

意义：表示结果或趋向能否实现。

用法：参见【初 095-1】–【初 095-2】可能补语。

例句：

字太小了，我看不<u>清楚</u>。

汉语不难，你一定学得<u>会</u>。

【初 010-4】补语（状态）

形式：动词／形容词＋得＋形容词（词组）／动词（词组）

意义：表示对动作行为或性质状态的描写。

用法：参见【初 094-1】–【初 094-2】状态补语。

例句：

课讲得<u>清清楚楚</u>。

他激动得<u>说不出话来</u>。

【初 010-5】补语（数量）

形式：动词＋时量或动量

意义：表示动作行为或状态持续的时间或频次。

用法：参见【初 096-1】–【初 096-6】时量补语；【初 097-1】–【初 097-4】动量补语。

例句：

他写了<u>十分钟</u>。

我听了<u>三遍</u>。

【初 010-6】补语（程度）

形式：形容词＋极了；形容词＋得＋很

意义：表示性质的程度。

用法：除了"极了"，常见的还有"死了""透了""坏了"。程度补语有一定
的凝固性。

例句：

他高兴极了。

他高兴坏了。

今天热死了。

今年夏天热得很。

3.5　定语

定语是修饰语，用来对人或事物进行描写或限定。名词、代词、时间词、处
所词、形容词（词组）、区别词、动词（词组）、数量词组、指数词组、主谓结构
等都可以做定语。

【初 011】定语（限定、描写对象）

形式：修饰语＋（的＋）中心语（名词）

意义：从领属、类别、性状、数量、时间、处所等方面对某一对象加以限
定、描写。

用法："的"是连接修饰语和中心语的重要手段。"的"字有时必须用，有
时不能用，有时可用可不用。关于"的"的使用，参见【初 013】名
词做定语表领属、【初 014-1】–【初 014-2】代词做定语表领属、
【初 021】名词的限定、【初 022】名词的描写、【初 040-2】数量词组
重叠。

例句：

木头桌子很好用。

我喜欢蓝色（的）衬衣。

这是<u>我的</u>书。

<u>我（的）</u>弟弟今年五岁了。

<u>今天的</u>报纸在哪儿？

我们在<u>东边的</u>教室上课。

门口放着一辆<u>小</u>自行车。

这是一间<u>明亮的</u>教室。

妈妈喝了一杯<u>热乎乎的</u>牛奶。

<u>彩色</u>照片比黑白照片好看。

这是<u>昨天写的</u>作业。

<u>洗干净的</u>衣服要收好。

我收到了<u>朋友发的</u>邮件。

我最近看了<u>一本</u>小说。

<u>那件</u>衣服是小王的。

3.6　状语

状语是修饰语，用来对动作行为、性质状态进行描写或限定。副词、时间词、处所词、代词、形容词（词组）、介词词组、数量词组、动词（词组）等都可以做状语。

【初 012】状语（限定、描写动作行为）

形式：修饰语＋（地＋）中心语（动词、形容词）

意义：从时间、处所、方式、对象、状态、程度等方面对动作行为、性状加
以描写或限定。

用法：时间词、处所词、代词、副词、介词词组做状语时一般不用"地"，
形容词（词组）做状语时一般要用"地"，参见【初 115-1】-【初
115-7】动词单项修饰语。数量词组做状语时一般不用"地"，但数量
词组的重叠形式做状语时可以用"地"，参见【初 040-1】数量词组重
叠。

例句：

我们<u>下午</u>去公园。

您<u>前边</u>走！

这个字<u>怎么</u>读？

这本书<u>哪儿</u>买的？

她<u>又</u>唱了一首歌。

教室里<u>非常</u>安静。

王老师<u>给我们</u>教汉语。

今天<u>比昨天</u>热。

老师很<u>高兴</u>地回答了大家的问题。

孩子们<u>高高</u>地举起了手。

大家要<u>有计划</u>地安排学习。

他<u>一下子</u>慌了。

同学们<u>一个一个</u>（地）走进教室。

第二章　名词与句子的表达

1. 名词的领属

　　人们在语言交际中往往需要说明人或对象的所属。在汉语中，主要由名词和代词表示人或事物的领属，它们要放在被领属名词的前边。领属成分后常常要用"的"。表示领属的成分做修饰语，被领有的名词做中心语，两者组成一个名词词组，可以在句子中充当主语和宾语。

【初 013】名词做定语表领属

形式：名词＋的＋名词

意义：名词做修饰语，表示人或事物的领属。

用法：名词做修饰语表示领属时，一般要加"的"。

例句：

哥哥的朋友很多。

大家在讨论班级的事情。

【初 014-1】代词做定语表领属

形式：代词＋的＋名词（非亲属称谓）

意义：代词做修饰语，表示人或事物的领属。

用法：代词做修饰语表示领属时，一般要加"的"。

例句：

他的眼镜摔坏了。

我们的教室在三楼。

【初 014-2】代词做定语表领属

形式：代词 +（的 +）名词（亲属称谓）

意义：代词做修饰语，表示亲属的领属。

用法：中心语名词表示亲属称谓，"的"字可加可不加，不加更为常见。

例句：

我（的）爸爸是老师。

他（的）爷爷70岁了。

2. 名词的指称

人们在语言交际中往往需要指称人或事物。根据所指对象的范围与性质，又有不同的指称形式。在汉语中，多用指数词组来表示指称。

【初 015-1】指数词组表指称

形式：这 / 那 + 量词 + 名词

意义：用来指称特定的对象。

用法：如果需要指称一个对象，可用此形式。名词中心语前一般要有量词，一般不用数词。参见【初 144-1】指别人或事物。

例句：

这个学校很安静。

我喜欢那本书。

这个学校的操场很大。

【初 015-2】指数词组表指称

形式：这 / 那 + 数词 + 量词 + 名词

意义：用来指称若干特定的对象。

用法：如果需要指称的对象不止一个，要在量词前加上数词。参见【初 144-2】指别人或事物。

例句：

<u>这三位同学</u>都是我的朋友。

<u>那五张桌子</u>放教室前边。

【初 015-3】指数词组表指称

形式：每＋（一＋）量词＋名词

意义：用来在一定范围里任意取一个对象来指称。

用法：如果需要强调指称的个体对象具有共同点，可用此形式。"每"不能单独使用，要和数量词组搭配起来使用。数词"一"经常省略。注意："每＋（一＋）量词＋名词"做主语时一般要和"都"配合使用。

例句：

<u>每（一）粒粮食</u>都很宝贵。

<u>每（一）个字</u>都要写得清清楚楚。

我歌唱<u>每一座高山</u>，我歌唱<u>每一条河</u>。

【初 015-4】指数词组表指称

形式：每＋数词＋量词＋名词

意义：用来在一个范围里任意取一组对象来指称。

用法：如果需要强调指称的组别对象具有共同点，可用此形式。主要做状语，多用于说明有规律地分配事物或安排事情。注意：数词要大于"一"，"每"不和"都"搭配。

例句：

<u>每三个人</u>就有一辆车。

<u>每两节课</u>休息二十分钟。

【初 015-5】指数词组表指称

形式：每 + 年 / 月 / 星期 / 天 / 小时 / 分钟 / 秒

意义：用来逐一指称与时间单位对应的任意一个时间点。

用法：如果用来强调某事或某对象在所指称的任意时点上具有共同点，可用
此形式。常常用作定语或状语。

例句：

<u>每年</u>的收入是 10 多万元。

我<u>每星期</u>上四节汉字课。

春天来了，小草<u>每天</u>都在成长。

她喜欢跳绳，<u>每分钟</u>能跳 100 多次。

【初 015-6】指数词组表指称

形式：各 + 量词 + 名词；各 + 名词

意义：用来同时分别指称一定范围内的所有对象。

用法：如果需要概括地说明所指对象的相关情况，可用此形式。经常与
"各"搭配的量词有"个、位、门、种、类"等。"各"与"人、班、
国、校"等单音节名词直接组合时，不用量词；与"学校、单位、国
家、年级、课程、专业"等双音节名词组合时，量词可用可不用。注
意："各"不能和数量词组结合。"各 + 量词 + 名词"可用来称呼对象，
"每 + 量词 + 名词"不能这么用。

例句：

<u>各人</u>有<u>各人</u>的意见。

<u>各（个）</u>学校放假时间不一样。

<u>各位</u>同学，早上好！

【初 016】代词表指称

形式：有的 / 有些 + 名词

意义：用来指称一个范围里的部分对象。

用法：不确定地指称一个范围里的若干对象，可用此形式。注意：中心语名
　　　词前不用量词。"有些"有时是动词和量词的组合，如"我有些问题
　　　想问你"。

例句：

<u>有的</u>汉字我不认识。

<u>有些</u>节日很有意思。

【初 017】形容词"全"表指称

形式：全 + 名词

意义：用来指称由若干部分组成的一个整体。

用法：所指称的对象是可以分解为同质的组成部分。注意：中心语名词前不
　　　用量词。

例句：

<u>全书</u>一共 200 页。

<u>全世界</u>有多少人口？

【初 018】区别词"所有"表指称

形式：所有 +（的 +）名词

意义：用来强调一个范围里没有例外的对象。

用法："的"字可以省略。

例句：

<u>所有（的）课程</u>都结束了。

<u>所有（的）同学</u>都完成了作业。

【初 019】光杆名词表指称

形式：○ + 名词

意义：用来指称确定的或不言自明的对象。

用法：主语位置上的光杆名词一般指交际双方都确定的或不言自明的对象，

宾语位置上的光杆名词有时对交际双方来说是确定的，有时候是泛指的。

例句:

语法很重要。

衣服洗干净了。

同学们，上课了!

把书给我。

你喝咖啡吗?

他每天都去买菜。

【初 020】后缀"们"表指称

形式: 名词 + 们

意义: 用来指称由若干个体组成的一个集体。

用法: "名词 + 们"可以用来称呼对象。注意:"名词 + 们"这个组合的前面不能加数量词。

例句:

医生们还在忙。

同学们，假期过得怎么样?

3. 名词的限定与描写

人们在语言交际中往往需要对人或事物加以限定、描写。在汉语中，用来限定、描写名词的语法形式是多种多样的。表示限定、描写的成分做修饰语，被限定、描写的对象做中心语，两者组成一个名词词组，可以在句子中充当主语、宾语、定语。

【初 021-1】名词的限定

形式：数词 + 量词 + 名词

意义：说明人或事物的数量。

用法：数词"一"经常省略。注意：数量词组做定语一般不加"的"。度量量词做定语有时可以加"的"，但意思不一样，如"两斤的鱼"意思是"某条鱼有两斤重"，它的前面还可以再用数量词组，如"一条两斤的鱼"。

例句：

他买了两本书。

我喝了（一）杯水。

【初 021-2】名词的限定

形式：处所词 / 时间词 + 的 + 名词

意义：说明人或事物相关的时间或处所。

用法："的"字不能省略。

例句：

教室的桌子干干净净。

这是昨天的报纸。

【初 021-3】名词的限定

形式：形容词 +（的 +）名词

意义：说明人或事物的性质。

用法：单音节的形容词做修饰语时常常不加"的"，双音节的形容词做修饰语时常常加"的"。

例句：

妹妹在一张白纸上画画儿。

他是一个认真的学生。

【初 021-4】名词的限定

形式： 区别词＋名词

意义： 说明人或事物的类别。

用法： 区别词的后面不能加"的"。

例句：

我们班有十个<u>男</u>同学，八个<u>女</u>同学。

他经常坐<u>公共汽车</u>上班。

【初 021-5】名词的限定

形式： 名词＋名词

意义： 说明人或事物某方面的特点。

用法： 名词前直接加上名词，不能加"的"，相当于一个复合词。

例句：

我喜欢喝<u>冰水</u>。

这是一本<u>故事书</u>。

【初 021-6】名词的限定

形式： 动词（词组）＋的＋名词

意义： 对动词相关的对象进行说明。

用法： 动词和动词词组后一定要用"的"。

例句：

今天<u>学习的</u>汉字比较多。（"学习"的对象是"汉字"）

我有一个<u>学了两年汉语的</u>朋友。（"学"的主体是"朋友"）

【初 022-1】名词的描写

形式： 形容词的重叠形式＋的＋名词

意义： 形容人或事物的状态。

用法： 形容词的重叠形式前不能用"很"等程度副词。注意："的"字不能
　　　　省略。

例句：

他吃了一个红红的苹果。

架子上挂着一块干干净净的毛巾。

【初022-2】名词的描写

形式：形容词词组＋的＋名词

意义：形容人或事物的状态。

用法：形容词词组后一般要加"的"。

例句：

这是一张很白的纸。

姐姐买了一条特别漂亮的裙子。

4. 名词多项修饰语的顺序

人们在语言交际中往往需要对一个对象从多个角度加以修饰，这时，一个名词会带有若干项修饰语，这些修饰语有一定的顺序。从修饰语和中心语意义上的联系来看，一般来说，表示对象本身属性的修饰语距离中心语近，表示对象外在特点的修饰语距离中心语远。从修饰语和中心语的语法结构看，一般来说，带"的"的修饰语在不带"的"的修饰语前面。

【初023-1】名词的两项修饰语

形式：领属修饰语＋属性修饰语＋名词

意义：用来根据人或事物的领属和属性来确定对象。

用法：表示领属的修饰语不仅可以是"人"，也可以是时间、处所等。

例句：

她的红裙子很漂亮。

今天的语法练习都做完了。

【初 023-2】名词的两项修饰语

形式：指数修饰语＋其他修饰语＋名词

意义：用来根据指称和人或事物的属性、特点来确定对象。

用法：指数修饰语参见【初 015-1】-【初 015-2】指数词组表指称。

例句：

这几本漫画书很有意思。

我可以试试那条黑色的裤子吗?

【初 023-3】名词的两项修饰语

形式：领属修饰语＋指数修饰语＋名词

意义：用来根据人或事物的领属和指称来确定对象。

用法：注意，领属修饰语的"的"字可以不用。指数修饰语参见【初 015-
1】-【初 015-2】指数词组表指称。

例句：

请把我（的）那件毛衣递给我。

桌子上（的）那本词典是谁的?

【初 023-4】名词的两项修饰语

形式：数量修饰语＋属性修饰语 / 描写修饰语＋名词

意义：用来说明人或事物的数量及某一属性或特点。

用法：表示属性的修饰语不带"的"，主要由名词、单音节形容词、区别词充
当。表示描写的修饰语带"的"，主要由动词词组、形容词词组充当。

例句：

姐姐画了一张风景画儿。

我买了两双白袜子。

他有两个孩子，一个男孩儿，一个女孩儿。

有一位戴眼镜的老师找你。

他是一个非常努力的学生。

【初 023-5】名词的两项修饰语

形式：描写修饰语 + 属性修饰语 + 名词

意义：用来说明具有某种属性的人或事物的某一特点。

用法："属性修饰语"和"描写修饰语"参见【初 023-4】名词的两项修饰
　　　　语的"用法"说明。

例句：

姐姐画的风景画儿可漂亮了！

孩子们都爱读有趣的童话故事。

【初 024-1】名词的三项修饰语

形式：数量修饰语 + 描写修饰语 + 属性修饰语 + 名词

意义：用来说明具有某种属性的人或事物的数量及某一特点。

用法：数量修饰语多在描写修饰语前，但也可以在描写修饰语后，有突出描
　　　　写修饰语的意思。

例句：

爸爸做了一张大大的木头桌子。

我们班需要一个有电脑的大教室。

屋子中间摆着大大的一张木头桌子。

【初 024-2】名词的三项修饰语

形式：领属修饰语 + 指数修饰语 + 属性修饰语 + 名词

意义：用来根据人或事物的领属、指称来确定具有某种属性的人或事物。

用法：参见【初 023-3】名词的两项修饰语。

例句：

昨天（的）那份中文报纸在哪儿？

你认识我们班（的）那个男同学吗？

5. 名词的连接

有时候，人们在语言交际中需要把几个名词并列起来说。并列名词可以用连词，也可以不用连词。

【初 025】名词的并列

形式： 名词$_1$ +（和 +）名词$_2$

意义： 表示并列的人或事物。

用法： 两个名词可以直接并列组合在一起，名词之间有停顿。也可以用连词"和"把它们连接在一起。如果是两个以上的名词，"和"一般放在最后两个名词之间。名词前还可以带修饰语。

例句：

A：北京有哪些名胜古迹？

B：长城、故宫都是著名的古迹。

A：盘子里放着什么水果？

B：盘子里放着苹果、香蕉和桃子。

A：你买了什么？

B：我买了一本书、两支笔、三个本子。

第三章　数词与句子的表达

1. 数目的构造与读法

在日常生活中，人们常常需要表达具体的数目。数目是由"1-9"和"0、10、100、1000、10000"组合而来的，要说出一个数目，就需要学会读数。不同类型的数目，有不同的读法，但不同的读法之间存在内在的联系。

【初 026-1】整数的构造与读法

成员： 10 以下的整数

读法： 0-9 分别读作对应汉字的发音，具体为：

0（零）读作 líng

1（一）读作 yī

2（二）读作 èr

3（三）读作 sān

4（四）读作 sì

5（五）读作 wǔ

6（六）读作 liù

7（七）读作 qī

8（八）读作 bā

9（九）读作 jiǔ

【初 026-2】整数的构造与读法

成员： 10、100、1000、10000

读法：先读"一"，再读数位。"10"中的"一"经常不读。注意"一"的变
　　　调。具体为：

10（十）读作 shí

100（百）读作 yìbǎi

1000（千）读作 yìqiān

10000（万）读作 yíwàn

【初026-3】整数的构造与读法

成员：10以上、100以下的整数

构造：×十×

读法：×表示1-9。先读"10"的倍数，即"×十"，再读个位的"×"，
　　　　个位为零则不读。11-19中的"一"经常不读。

例子：

$20=2×10^1+0×10^0$，读作二十

$35=3×10^1+5×10^0$，读作三十五

$11=1×10^1+1×10^0$，读作十一

【初026-4】整数的构造与读法

成员：100以上、10000以下的整数

构造：×千×百×十×

读法：×表示1-9。先读"1000"的倍数，即"×千"，再读"100"的倍
　　　　数，即"×百"，然后读"10"的倍数，即"×十"，最后读个位的
　　　　"×"。如果中间有零，不管几个零，都读一个零；如果末尾是零，直
　　　　接读"×千""×百""×十"。

例子：

$3315=3×10^3+3×10^2+1×10^1+5×10^0$，读作三千三百一十五

$3305=3×10^3+3×10^2+0×10^1+5×10^0$，读作三千三百零五

$3005=3×10^3+0×10^2+0×10^1+5×10^0$，读作三千零五

$3000=3\times10^3+0\times10^2+0\times10^1+0\times10^0$，读作 <u>三千</u>

$3400=3\times10^3+4\times10^2+0\times10^1+0\times10^0$，读作 <u>三千四</u>（<u>百</u>）

$3450=3\times10^3+4\times10^2+5\times10^1+0\times10^0$，读作 <u>三千四百五</u>（<u>十</u>）

【初 026-5】整数的构造与读法

成员：10000 以上的整数

构造：（×千×百×十×）万（×千×百×十×）

读法：× 表示 1-9。如果要说"万"以上的整数，四位一段，各段重复"万"以内整数读法规则。

例子：

1345 1345 读作一千三百四十五<u>万</u>一千三百四十五

1345 1305 读作一千三百四十五<u>万</u>一千三百零五

1345 1005 读作一千三百四十五<u>万</u>一千零五

1345 0005 读作一千三百四十五<u>万</u>零五

1340 0005 读作一千三百四十<u>万</u>零五

1300 0005 读作一千三百<u>万</u>零五

1000 0005 读作一千<u>万</u>零五

【初 026-6】整数的构造与读法

成员：两

读法：个体量词前"2"读"两"；"百、千、万"前常读"两"。

例子：

<u>两</u>个人

<u>两</u>本书

<u>两</u>百

<u>两</u>千

<u>两</u>万

【初 027】号码的读法

成员： 各种号码

读法： 按顺序读出表示号码的数字。为了避免听错，"1"又经常读作
       "yāo"。

例子：

"302 教室"读作三〇二教室

"112"读作 yāo yāo èr

2. 基数的表达

在日常生活中，人们常常需要表达事物的多少，这是基数。基数有时候是准确的，有时候是大概的，大概的数量又叫概数。

【初 028】准确数目的表达

形式： 数目 + 量词 + 名词

意义： 表示人或事物的具体数量。

用法： 整数和量词组合起来才能限定名词，表达对象的数量。

例句：

我买了两个西瓜。

教室里放着二十张桌子。

【初 029-1】概数的表达

形式： 1-9 相邻两个数字 +（十、百、千、万 +）量词

意义： 表示人或事物不确定的数量。

用法： 小的数字在前，大的数字在后，两者是或者的关系。

例句：

今天上午上了三四节课。

这袋苹果有<u>二三十斤</u>重。

<u>五六百米</u>前就有一家银行。

体育场里坐着<u>两三万</u>观众。

【初 029-2】概数的表达

形式：1-10 + 量词 + 多

意义：表示比相应的整数数量多，但不到 1 个量词单位的量。

用法：多用来表达大概的钱数、重量或时间。注意：量词在"多"的前面。

例句：

一斤苹果<u>八块多</u>。

这块牛肉<u>十斤多</u>。

妈妈住了<u>一个多</u>星期。

【初 029-3】概数的表达

形式：十 / 百 / 千 / 万 + 多 + 量词

意义：表示比相应的整数数量多一点儿。

用法：量词在"多"的后面。

例句：

这块牛肉<u>十多斤</u>。

我们学校有<u>两千多</u>个学生。

食堂买了<u>四百多</u>箱水果。

【初 029-4】概数的表达

形式：两 / 几 + 量词

意义：表示不确定的小量。

用法："两"不是"二"的意思，是"几"的意思。

例句：

放假了，好好休息<u>两天</u>。

他急急忙忙吃了两口饭。

他去书店买了几本书。

周末去看了几位朋友。

【初 029-5】概数的表达

形式： 好几 + 量词

意义： 表示不确定的多量。

用法： 用"好几"时，实际的数量也小于 10，它突出的是主观上认为多。

例句：

好几位学生都喜欢唱歌。

这首歌我听了好几遍。

【初 029-6】概数的表达

形式： 整数 + 量词 + 左右 / 上下

意义： 表示比相应数量略多或略少。

用法： 量词要放在"左右 / 上下"的前面。

例句：

这条鱼三斤左右。

他 30 岁上下。

【初 030-1】半数的表达

形式： 半 + 量词

意义： 表示二分之一。

用法： 与"一 + 量词 + 名词"相对，"半"前不能再用数词。

例句：

弟弟吃了半个苹果。

桌子上放着半瓶水。

【初 030-2】半数的表达

形式： 数词＋量词＋半

意义： 表示整数加上一个量词单位的"二分之一"的量。

用法： 在语境清晰的情况下，限定的名词常常省略。

例句：

他买了<u>一斤半</u>（苹果）。

我给花浇了<u>两瓶半</u>（水）。

【初 030-3】半数的表达

形式： 一半

意义： 表示整体的二分之一。

用法： "一半"常常单独充当句子成分，也可以做修饰语限定名词。"一半"
　　　　的中间还可以插入"大、小、多"等形容词。

例句：

<u>一半</u>是男同学，<u>一半</u>是女同学。

这四个苹果，你<u>一半</u>，我<u>一半</u>。

气温下降了<u>一半</u>。

<u>一（大）半</u>的同学去观看了比赛。

【初 031-1】数目的变化

形式： 增加／减少＋了＋数量

意义： 表达数目的变化量。

用法： 数量的后面可以加名词。

例句：

作业<u>减少了</u>两个题目。

这个月<u>增加了</u>一千块的收入。

【初 031-2】数目的变化

形式：增加 / 减少 ＋ 到 ＋ 数量

意义：用来表达变化后的数量。

用法："增加到"指的是变化后的实际数量。

例句：

收入<u>增加到</u>了 3000 块。

每天的垃圾<u>减少到</u>了一袋。

3. 序数的表达

在日常生活中，人们还常常需要表示事物的先后，这是序数。序数的表达建立在基数的基础上，表达序数时，常常在数目前加词缀"第"。在一定语境下，也常常不用"第"。

【初 032-1】序数的表达

形式：第 ＋ 数目 ＋ 名量词 / 动量词

意义：表示对象或行为的先后次序。

用法："第 ＋ 数目 ＋ 名量词"做定语，后接名词；"第 ＋ 数目 ＋ 动量词"做状语，后接动词（词组）。

例句：

这是我认识的<u>第一</u>个汉字。

他在自行车比赛中获得了<u>第三</u>名。

这已经是他<u>第二</u>次来中国了。

【初 032-2】序数的表达

形式：数目 ＋ 名词

意义：表示日期、排行、编号的顺序。

用法：数目前不用"第"。

例句：

今天是<u>一月三号</u>。

这是我<u>二姐</u>，这是我<u>三弟</u>。

我家在<u>三楼</u>。

第四章　量词与句子的表达

1. 个体量词与名词的选择

如果需要给名词表示的对象计量，要选择使用名量词作为计量单位，其基本表达形式是"数词＋量词＋名词"或"指示代词＋量词＋名词"。选择名量词不仅要考虑量词的特点，也要考虑名词的特点，还要考虑表达的需要。指示代词和数词经常同时出现，这时，指示代词在前，数词在后。

个体量词数量众多，为了便于检索，按音序加以排列。

【初 033-1】把

形式： 数词／指示代词＋把＋名词（词组）

意义： 往往用于有把手的器具或用手抓握的物品。

用法： 与"把"搭配的常见名词有：（1）工具类，如刀（子）、剪子、尺子、斧子、铲子、勺子、扇子、梳子、刷子、牙刷、椅子、伞、枪；（2）物品类，如香蕉、锁、钥匙。"把"还常用来表示一只手抓起的数量，与之搭配的常见名词有：米、面、面条儿、（蔬）菜、糖、盐、花生、土。

例句：

一把钥匙开一把锁。

小心，这把刀很快！

这两把菜多少钱？

【初 033-2】本

形式： 数词 / 指示代词 + 本 + 名词（词组）

意义： 用于书籍、册子。

用法： 与"本"搭配的常见名词有：书、词典、字典、教材、日记（本）、笔记（本）、杂志、小说、日历、护照、资料。

例句：

怎么读一本书？

这本杂志很有趣。

这两本历史小说很有意思。

【初 033-3】笔

形式： 数词 / 指示代词 + 笔 + 名词；数词 + 笔

意义： 多表示用于某事的金钱数额。

用法： 与"笔"搭配的常见名词有：钱、资金、奖金、奖学金、支出、收入、税、学费、生活费。"笔"还用来指汉字的笔画，后面不用其他名词。

例句：

这笔钱是学费，那笔钱是生活费。

他成绩优秀，获得了一笔奖学金。

"口"字有三笔。

写汉字的时候，一笔不能多，一笔不能少。

【初 033-4】层

形式： 数词 / 指示代词 + 层 + 名词（词组）

意义： 多用于重叠的东西。

用法： 主要与"楼"搭配。"层"还用于覆盖在表面的东西，与之搭配的常见名词有：冰、雪、灰、土、油。注意："数词 + 层（+ 楼）"有歧义，可以表示基数，可以表示序数。

例句：

你住<u>几层</u>楼？（表序数）

这个楼一共<u>五层</u>。（表基数）

河上结了<u>一层</u>厚厚的冰。

【初033-5】场（chǎng）

形式：数词／指示代词＋场＋名词（词组）

意义：表示事情或活动从开始到结束的整个过程。

用法：与"场"搭配的常见名词有：（1）文艺娱乐类，如电影、表演、舞会、音乐会；（2）体育竞赛类，如运动会、比赛（足球赛、篮球赛等）、游戏；（3）战争类，如战争、战斗、争论；（4）天气类，如风、雨、雪；（5）会议类，如会议、讲座、聚会、谈判、讨论、直播；（6）生活类，如病、梦、旅行、考试。

例句：

周末看了<u>一场电影</u>。

<u>这场战争</u>影响很大。

昨天下了<u>一场大雨</u>。

他去年生了<u>一场大病</u>。

明天还有两场考试，<u>一场汉语</u>，<u>一场英语</u>。

【初033-6】次

形式：数词／指示代词＋次＋名词（词组）

意义：用于可以重复的事情。

用法：与"次"搭配的名词大部分都是名动兼类，常见的有：练习、考试、测试、测量、考验、试验、检查、调查、研究、讨论、活动、合作、经历、演讲、演唱、旅行、旅游、休假、比赛、聚会、成功、失败。也有部分单纯的名词，常见的有：会议、机会、机遇、战争、战斗、手术。

例句：

这次考试十分重要。

那是一次难忘的经历。

每人只有一次机会。

【初 033-7】点

形式： 数词 / 指示代词 + 点 + 名词（词组）

意义： 用于概括事项的要点。

用法： 与"点"搭配的常见名词有：意见、建议、要求、希望、主张、共识、内容、声明、原则、原因、理由。

例句：

老师给新生提了三点建议。

发生这件事，有两点原因。

【初 033-8】顿

形式： 数词 / 指示代词 + 顿 + 名词（词组）

意义： 用于饭食，表示饭食的次数。

用法： 与"顿"搭配的常见名词有：饭、饺子、米饭、面条儿、海鲜、火锅、外卖、快餐、中餐、西餐、早饭（餐）、午饭（餐）、晚饭（餐）。

例句：

每天吃三顿饭。

一顿午饭十块钱。

这顿饭吃得好。

【初 033-9】朵

形式： 数词 / 指示代词 + 朵 + 名词（词组）

意义： 用于花或形状像花的东西。

用法： 与"朵"搭配的常见名词有：花、鲜花、雪花、浪花、云。

例句：

哪朵红花不漂亮？

蓝天上飘着几朵白云。

【初 033-10】份

形式： 数词 / 指示代词 + 份 + 名词（词组）

意义： 把整体事物分开，变成若干部分，或者把若干部分合并在一起，这其中的一部分就是一"份"。

用法： 与"份"搭配的常见名词有：（1）物品类，如礼物、外卖、快餐、套餐、具体的食物（饭、菜、肉、牛奶、水果等）；（2）事务类，如工作、作业、责任、成绩、收入、奖金。"份"还可以表示一系列或一组中的一个，与之搭配的常见名词有：报纸、杂志、文件、简历、菜单。

例句：

每人一份牛肉，一份水果。

这件事我也有一份责任。

我订了一份报纸。

请复印两份文件。

【初 033-11】封

形式： 数词 / 指示代词 + 封 + 名词（词组）

意义： 用于密封的东西。

用法： 与"封"搭配的主要名词有：信、邮件。

例句：

我给朋友写了一封信。

这封邮件是广告。

【初 033-12】个

形式： 数词 / 指示代词 + 个 + 名词（词组）

意义： 最为通用的一个量词。

用法： "个"可以用于没有专用量词的名词前，常见的有：（1）时间类，如世纪、季节、季度、月、星期、学期、上午、下午、晚上、小时；（2）处所类，如车站、城市、学校、村子；（3）抽象类，如办法、问题、秘密、理想、愿望、目标、优点、缺点、原因、过程、结果、状态、条件、部分、道理；（4）亲属类，如妈妈、爸爸、爷爷、奶奶、外公、外婆、哥哥、弟弟、姐姐、妹妹；（5）其他，如瓜、馒头、包子、闹钟、包裹、衣架、词、字、句子。"个"也常常与有专用个体量词的名词搭配。

例句：

这个星期很忙。

北京是一个北方城市。

我可以问两个问题吗？

我有一个好妈妈。

一个人吃了三个包子。

【初 033-13】根

形式： 数词 / 指示代词 + 根 + 名词（词组）

意义： 用于细长的东西。

用法： 与"根"搭配的常见名词有：（1）绳线类，如毛、线、毛线、电线、绳子、头发；（2）日用器物类，如蜡烛、火柴、灯管、吸管、筷子、棍子、针、香烟；（3）食物类，如葱、黄瓜、香蕉、甘蔗、面条儿、香肠；（4）植物类，如草、竹子、树枝、木头；（5）身体类，如骨头、肠子。

例句：

这是一根纸吸管。

这根黄瓜很新鲜。

【初 033-14】回

形式： 一／两／这／那＋回＋事

意义： "回"相当于"件"，用于事情。

用法： 数词只用"一"和"两"。"一回事"相当于"一件事"，前面经常加"这么、那么、怎么"，"一"经常省略。注意："两回事"不是仅表示"两件事"，主要用来强调这两件事完全不同。

例句：

我不知道这回事。

肚子咕咕叫是怎么回事？

原来是这么一回事。

"学"和"学会"是两回事。

【初 033-15】家

形式： 数词／指示代词＋家＋名词（词组）

意义： 主要用于事业或企业单位。

用法： 与"家"搭配的常见名词有：学校、医院、幼儿园、图书馆、剧院、电影院、公司、银行、商店、书店、咖啡店、酒店、酒吧、饭店、旅馆、工厂。

例句：

学校门口开了一家咖啡店。

每一家好书店都有自己的特点。

【初 033-16】架

形式： 数词／指示代词＋架＋名词（词组）

意义： 用于有架子支撑的东西。

用法： 与"架"搭配的常见名词有：（1）机械类，如机器、飞机、钢琴、照相机、望远镜、梯子；（2）植物类，如葡萄、黄瓜、西红柿。

例句：

一架飞机能坐多少人？

院子里种着一架葡萄。

【初 033-17】间

形式： 数词 / 指示代词 + 间 + 名词（词组）

意义： 用于房屋，指房屋最小的单位。

用法： 与"间"搭配的常见名词有：房子、屋子、卧室、卫生间、办公室、
　　　　教室、宿舍。

例句：

他租了一间小房子。

这两间教室干净整齐。

【初 033-18】件

形式： 数词 / 指示代词 + 件 + 名词（词组）

意义： 用于某些可以一一计算的事物。

用法： 与"件"搭配的常见名词有：（1）衣服类（上衣），如衣服、上衣、
　　　　衬衫、衬衣、毛衣、大衣；（2）器物类，如东西、商品、产品、家
　　　　具、设备、行李；（3）事情类，如事、事情、大事、小事。

例句：

这件毛衣很暖和。

我带了一件行李。

那几件东西是谁的？

认真做好每一件事情。

【初 033-19】节

形式： 数词 / 指示代词 + 节 + 名词（词组）

意义： 用于相互连接而具有一定长度的对象，"节"指其中的一部分。

用法：与"节"搭配的常见名词有：课、电池、火车、车厢、竹子、骨头。

例句：

今天有<u>几节汉语课</u>？

<u>一节火车</u>有多长？

【初 033-20】棵

形式：数词 / 指示代词 + 棵 + 名词（词组）

意义：用于植物。

用法：与"棵"搭配的常见名词有：树、草、葱。

例句：

<u>这棵树</u>已经 100 多年了。

我希望自己是<u>一棵小草</u>。

【初 033-21】口

形式：数词 / 指示代词 + 口 + 名词（词组）

意义：多用于与口有关的对象。

用法："口"与"人"搭配，用来计算人口。"口"用于牲畜，主要和"猪"搭配。"口"还用于器物，与之搭配的常见名词有：锅、井。"口"还用于语言，数词限于"一"。

例句：

我家有<u>五口人</u>。

爷爷养了<u>两口猪</u>。

<u>这一口大锅</u>能做十个人的米饭。

他能说<u>一口流利的普通话</u>。

【初 033-22】块

形式：数词 / 指示代词 + 块 + 名词（词组）

意义：多用于某些块状的东西。

用法： 与"块"搭配的常见名词有：（1）食物类（多指切开的），如面包、点心、蛋糕、月饼、肉、豆腐、糖、西瓜、苹果、梨、水果；（2）器物类，如肥皂、香皂、石头、木头、砖头、冰、手表。也用于某些片状的东西，与之搭配的常见名词有：黑板、玻璃、镜子、牌子、金牌、银牌、铜牌、布、毛巾、地（切分出来的）。还常用于"钱"，相当于"元"，提问时说"几块"。

例句：

早饭就吃了<u>两块面包</u>，<u>几块水果</u>。

教室的前边是<u>一块黑板</u>。

这本书<u>几块钱</u>?

【初 033-23】辆

形式： 数词 / 指示代词 + 辆 + 名词（词组）

意义： 用于车。

用法： 与"辆"搭配的常见名词有：车（汽车）、卡车、摩托车、自行车、公共汽车、出租车、客车、货车、警车、救护车、消防车。注意：不用于"火车"。

例句：

门口停着<u>一辆车</u>。

<u>这辆大客车</u>可以坐 50 人。

【初 033-24】列

形式： 数词 / 指示代词 + 列 + 名词（词组）

意义： 用于排成行列的事物。

用法： "列"是"火车、高铁"的个体量词。也可以用作集合量词，用于纵向排成一行的对象。

例句：

一列火车可以坐上千人。

这列数据有问题，再检查一下。

【初 033-25】门

形式： 数词／指示代词＋门＋名词（词组）

意义： 用来指学习或研究的不同领域。

用法： 与"门"搭配的名词主要有：课、课程、功课、作业、科学、技术、艺术。

例句：

这学期有几门课？

语言是一门科学，也是一门艺术。

【初 033-26】篇

形式： 数词／指示代词＋篇＋名词（词组）

意义： 主要用于文章。

用法： 与"篇"搭配的常见名词有：日记、课文、作文、论文、文章、阅读（文章）、听力（文章）、作品。

例句：

他每天都写一篇学习日记。

这篇作文写得好。

【初 033-27】片

形式： 数词／指示代词＋片＋名词（词组）

意义： 用于平而薄的东西。

用法： 与"片"搭配的常见名词有：面包（切成片状的）、肉（切成片状的）、西瓜（切成片状的）、药、叶子、树叶、茶叶、雪花。

例句：

小树长出了<u>两片绿绿的叶子</u>。

早餐就吃了<u>那几片面包</u>，早就饿了。

【初 033-28】首

形式： 数词 / 指示代词 + 首 + 名词（词组）

意义： 用于诗词歌曲。

用法： 与"首"搭配的名词主要有：歌、诗、歌曲、乐曲。

例句：

我想给你唱<u>一首歌</u>。

<u>这首诗</u>非常感人。

【初 033-29】台

形式： 数词 / 指示代词 + 台 + 名词（词组）

意义： 多用于机器。

用法： 与"台"搭配的常见名词有：机器、机器人、收音机、电视（机）、照相机、计算机、打字机、打印机、复印机、面包机、果汁机、发动机、音箱、电脑、笔记本、空调。"台"还用于和舞台或平台相关的对象，与之搭配的常见名词有：戏、晚会、节目、手术。

例句：

桌子上放着<u>一台电脑</u>。

<u>这台晚会</u>太精彩了。

【初 033-30】趟

形式： 数词 / 指示代词 + 趟 + 名词（词组）

意义： 用于按照一定次序运行的交通工具的班次。一往或一来为一趟。

用法： 多用于火车、公共汽车。

例句：

最晚的<u>一趟高铁</u>是几点的？

咱们坐<u>这一趟车</u>吧！

【初 033-31】条

形式： 数词 / 指示代词＋条＋名词（词组）

意义： 多用于长条形的东西。

用法： 与"条"搭配的常见名词有：（1）日用品类，如被子、毯子、毛巾、
　　　　围巾、裤子、短裤、裤带、裙子、烟（整体包装的）；（2）动物类，
　　　　如狗、蛇、龙、鱼、尾巴、虫子（长条形的）；（3）人体类，如腿、
　　　　胳膊；（4）交通类，如路、街、船；（5）工具类，如枪；（6）自然
　　　　类，如河、江。

例句：

我买了<u>一条蓝毛巾</u>。

<u>这条裙子</u>很漂亮。

<u>一条鱼</u>在水里游来游去。

<u>那条路</u>上有很多商店。

他在纸上画了<u>几条线</u>。

【初 033-32】头

形式： 数词 / 指示代词＋头＋名词（词组）

意义： 多用于动物。

用法： 与"头"搭配的常见名词有：牛、猪、驴、象、鹿、鲸等。"头"还
　　　　用于"蒜"。

例句：

我家有<u>一头黄牛</u>。

<u>这头鹿</u>是动物园的明星。

妈妈买了<u>几头蒜</u>。

【初 033-33】张

形式：数词 / 指示代词 + 张 + 名词（词组）

意义：多用于带有平面的东西。

用法：与"张"搭配的常见名词有：（1）票据类，如票、门票、车票、邮票、电影票；（2）图表类，如图、画儿、图片、图画、地图、表、表格；（3）卡片类，如身份证、名片、银行卡、信用卡、相片、唱片、光盘；（4）纸张类，如纸、报纸、菜单、试卷、通知书；（5）家具类，如床、桌子；（6）其他，如脸。"张"还用于可以张开和闭合的东西，与之搭配的常见名词有：嘴、网。

例句：

你好！请给我三张电影票。

墙上挂着一张世界地图。

这几张唱片好听极了。

【初 033-34】阵（儿）

形式：一 + 阵（儿）+ 名词

意义：用来表示延续一段时间的现象。

用法：数词只能用"一"。与"一 + 阵（儿）"搭配的主要是风、雨、声响。

例句：

一阵儿大风吹断了树枝。

一阵儿雷声后，下起了大雨。

【初 033-35】支

形式：数词 / 指示代词 + 支 + 名词（词组）

意义：多用于细长而不能弯曲的东西。

用法：与"支"搭配的常见名词有：笔、蜡烛、枪、牙刷、香烟、牙膏（盒装的）、香水（瓶装的）。这个"支"也写作"枝"。"支"还用于组织起来的队伍，与之搭配的常见的名词有：乐队、球队（篮球队、足球

队等）、军队、车队、船队。"支"还用于歌曲、舞蹈，与之搭配的常
见的名词有：歌、乐曲、舞、舞蹈。

例句：

桌子上放着<u>两支笔</u>。

他是<u>这支乐队</u>的主要歌手。

妈妈教了我<u>一支歌</u>。

【初 033-36】只

形式：数词 / 指示代词＋只＋名词（词组）

意义：多用于动物。

用法：与"只"搭配的常见名词有：（1）兽类，如狗、猫、猪、兔子、狐
狸、羊、狼、象、狮子、老虎、老鼠；（2）禽类，如鸟、鸡、鸭子；
（3）昆虫类，如蜜蜂、蜻蜓、蝴蝶、苍蝇、蚊子、虫子；（4）节肢
类，如虾、螃蟹；（5）两栖类，如青蛙；（6）爬行类，如乌龟。"只"
又可用于成对东西中的一个，与之搭配的常见名词有：（1）身体类，
如眼睛、耳朵、手、胳膊、脚、腿、翅膀，此外，"鼻子"也可以用
"只"；（2）物品类，如手套、袜子、鞋、轮子。"只"还可用于一些
器物，常见的有：手表、篮子、箱子、水桶、船、气球。

例句：

我家有<u>一只</u>可爱的小狗。

<u>几只</u>蝴蝶飞来飞去。

我丢了<u>一只</u>手套。

<u>那只</u>儿童手表很可爱。

【初 033-37】枝

形式：数词 / 指示代词＋枝＋名词（词组）

意义：用于带花或叶子的树枝。

用法："枝"主要与花（鲜花、玫瑰、菊花、桃花、梨花等）搭配，这个
　　　"枝"不能写作"支"。另见【初033-35】支。

例句：

花瓶里插着<u>五六枝</u>鲜花。

<u>这枝</u>玫瑰多少钱？

【初033-38】座

形式： 数词／指示代词＋座＋名词（词组）

意义： 用于体积大而固定的物体。

用法： 与"座"搭配的常见名词有：（1）自然类，如山、岛；（2）建筑类，
　　　　如城、城市、楼、楼房、桥、塔、车站、工厂、剧院、礼堂、宫殿、
　　　　水库、码头。

例句：

这座城的西边是<u>一座</u>高山。

汉语是<u>一座</u>桥。

2. 集合量词与名词的选择

如果把个体对象分组进行计量，要选择集合量词作为计量单位。集合量词用
于两个或两个以上的个体组成的人或事物，集合量词反映了人们对人和事物组织
特点的认识。为了便于检索，按音序加以排列。

【初034-1】对

形式： 数词／指示代词＋对＋名词（词组）

意义： 用于因为某种关系而产生联系的两个人、动物或事物。

用法： 强调对象是互相依存的。有时也单纯指两个。

例句：

这对夫妻是我的邻居。

时间少，工作多，这对矛盾要解决。

动物园新来了一对可爱的熊猫。

【初034-2】行（háng）

形式：数词／指示代词＋行＋名词（词组）

意义：表示一个对象后面跟着另一个对象，若干对象排成一"行"。

用法：强调纵向。有些搭配有历史原因，如"一行字"。

例句：

她流下了两行眼泪。

马路两边各种着一行树。

他在本子上写了几行整齐的汉字。

【初034-3】排

形式：数词／指示代词＋排＋名词（词组）

意义：表示一个对象旁边接着另一个对象，若干对象排成一"排"。

用法：强调横向。

例句：

舞台下坐着几排观众。

教室里一共有四排座位。

【初034-4】群

形式：数词／指示代词＋群＋名词（词组）

意义：用于聚集在一起的人或动物。

用法："群"强调聚集在一起、没有次序。

例句：

一群人在足球场看比赛。

一群小蜜蜂飞来飞去。

【初 034-5】双

形式：数词 / 指示代词 + 双 + 名词（词组）

意义：用于大小形状对称的两个肢体、器官或不能分开使用的两个东西。

用法：强调对象是对称的或相对的。

例句：

每人都有一双手。

这双球鞋大小很合适。

【初 034-6】套

形式：数词 / 指示代词 + 套 + 名词（词组）

意义：用于成组的事物。

用法：强调若干对象组成一个整体。

例句：

这套家具多少钱？

他做事有一套办法。

3. 不定量词与不定量的表达

有时候，对象的数量是不确定的，这时要选择不定量词作为计量单位。不定量词只有两个，它们是："点儿"和"些"。

【初 035-1】点儿

形式：一 / 指示代词 + 点儿 + 名词

意义：表示人或事物的相关属性（重量、长度、程度等）量值小。

用法：数词只能用"一"，口语中"一"经常省略。"点儿"前常用"这、那、这么、那么"来强调量值小。注意："一点儿"一般不用来计算事物个体的具体数量，所以不能说"一点儿人、一点儿狗"。

例句：

他去超市买（一）点儿苹果。

我还有（一）点儿工作，晚点儿回家。

他遇到了（一）点儿麻烦。

这（一）点儿时间不够用。

【初 035-2】些

形式： 一／指示代词＋些＋名词（词组）

意义： 用来表示不定的数量。

用法： "一些"可以表示少量，表示"少量"时比"点儿"多；也可以表示"不那么少"。如果"些"前加"好"，则强调多量。"一些"可以用来表示人或事物的相关属性的量值，也可以用来计算事物个体的具体数量。数词只能用"一"，口语中"一"经常省略。

例句：

我去超市买（一）些苹果。

我去超市买了好些水果。

他读了一些书，基础不错。

他读了好些书，基础很好。

这些书很有意思。

4. 度量量词与量值的表达

度量量词是度量衡的单位，现代汉语的度量衡主要使用国际通行的单位。

【初 036】度量量词

形式： 数词＋度量量词

意义： 用来表示长短、轻重、容积的量值。

用法：常用的度量量词有：米、里、公里、克、斤、公斤、吨、升等。度量
　　　量词除了可以限定名词，还经常与形容词搭配使用。

例句：

一斤苹果多少钱?

这条路长三百公里。

5. 动量词与行为数量的表达

在日常生活中，人们还需要表达动作行为的数量，这时，要使用动量词作为计量单位。动量词也要先和数词结合在一起，然后再与动词组合。其基本表达形式是"动词＋数词＋动量词"，但也有"数词＋动量词＋动词"这样的形式，两者表达的重点不一样。动量词有专用的，也有借用的。

【初 037-1】遍

形式：动词＋数词＋遍

意义：表示动作行为的整个过程。从开始到结束为一遍。

用法："数词＋遍"放在动词后做补语。注意：动词带宾语时，宾语一般在
　　　"数词＋遍"的后面。

例句：

这本小说我看过两遍。

我读了三遍课文。

【初 037-2】次

形式：动词＋数词＋次

意义：表示动作行为重复发生的数量。

用法："数词＋次"放在动词后充当补语。可与"数词＋次"搭配的动词非
　　　常广泛。注意：如果动词还带有名词宾语，名词一般放在动量词之
　　　后；如果动词带有代词宾语，代词一般放在动量词之前。

例句：

这种花一年开两次。

一年搬了三次家。

你明天再去一次超市。

我问过他两次。

【初 037-3】次

形式：数词＋次＋动词

意义：强调动作行为是否频繁。

用法："数词＋次"不单独做状语，它或者用于并列的句子，或者与其他成
　　　分搭配使用，以强调动作行为的数量是多还是少。强调少时数词常用
　　　"一"，常与副词"就"呼应使用。

例句：

他五次申请，五次失败。

这位运动员一天三次上电视。

玛丽一次就通过了 HSK 六级考试。

【初 037-4】顿

形式：动词＋数词＋顿

意义：表示动作行为的次数。

用法：只用于批评、劝说、打骂等动作行为。

例句：

他被妈妈批评了一顿。

骂一顿孩子，打一顿孩子，解决不了任何问题。

【初 037-5】回

形式： 动词 + 数词 + 回；数词 + 回 + 动词

意义： 同"次"，参见【初 037-2】-【初 037-3】次。

用法： 同"次"，参见【初 037-2】-【初 037-3】次。

例句：

一年搬了三回家。

你明天再去一回超市。

这种花一年开两回。

我问过他两回。

这位运动员一天三回上电视。

他五回申请，五回失败。

玛丽一回就通过了 HSK 六级考试。

【初 037-6】下（儿）

形式： 动词 + 数词 + 下（儿）

意义： 表示较为短促的动作行为的次数。

用法： "数词 + 下（儿）"放在动词后做补语。注意：动词带代词宾语时，放在"数词 + 下（儿）"前；动词带指人名词宾语时，放在"数词 + 下（儿）"前后都可以；带其他名词宾语时，放在"数词 + 下（儿）"后。

例句：

钟敲了三下。

他推了我两下。

哥哥打了弟弟几下。

哥哥打了几下弟弟。

他拍了一下手。

【初 037-7】下（儿）

形式： 动词 ＋ 一 ＋ 下（儿）

意义： 表示动作行为持续短暂的时间。

用法： "一 ＋ 下（儿）"放在动词后做补语。数词只能用"一"。注意：动词
带宾语时放在"一下（儿）"后。

例句：

这本书我可以<u>看一下</u>吗？

明天<u>收拾一下</u>房间。

你能<u>帮一下</u>我吗？

【初 037-8】阵（儿）

形式： 动词 / 形容词 ＋ 一 ＋ 阵（儿）

意义： 表示动作行为或状态延续一段时间。

用法： "一 ＋ 阵（儿）"放在动词或形容词后做补语。数词只能用"一"。动
词带宾语时宾语一般在"一 ＋ 阵（儿）"的后面。

例句：

她<u>哭了一阵</u>。

刚<u>凉快了一阵</u>，又开始热了。

他<u>写了一阵</u>作业。

【初 037-9】阵（儿）

形式： 一 ＋ 阵（儿）＋ 动词 / 形容词

意义： 表示在较短的一段时间里做什么或怎么样。

用法： "一 ＋ 阵（儿）"放在动词或形容词前做状语。数词只能用"一"。

例句：

他<u>一阵快跑</u>，追了上去。

听到这个好消息，他心里<u>一阵激动</u>。

她感到<u>一阵温暖</u>。

【初 038】借用动量词

形式：动词＋数词＋借用动量词

意义：借用表现动作的身体部位或工具来表示动作行为的次数。

用法：经常借用的表示身体部位的名词有：眼、脚、口、拳等。经常借用的
　　　　表示工具的名词有：刀、剪、针、枪、棍等。

例句：

他踢了我一脚。

我去医院打了一针。

6. 量词的重叠

　　单音节量词可以重叠。和基式相比，重叠式不仅语法意义不同，语法功能也
不同。度量量词一般不重叠。数量词组也可以重叠，重叠以后主要用来描写。

【初 039】单音节量词重叠

形式：AA

意义：表示"每个"的意思。

用法：重叠式没有轻声。量词重叠后可以单独做句子成分，充当主语、定语
　　　　和状语。

例句：

个个都很高兴。

句句话都很有趣。

找了他三回，回回都见不到人。

【初 040-1】数量词组重叠

形式：BABA 做状语

意义：表示按某种方式连续做一件事。

用法：BABA 后经常用"地"。

例句：

奶奶两个两个地数鸡蛋。

他一句一句地读着课文。

大家一遍一遍地练习唱歌。

【初 040-2】数量词组重叠

形式：BABA 做定语

意义：表示事物多而连续的状态。

用法：数词主要用"一"，BABA 后经常用"的"。

例句：

句子是由一个一个词组成的。

一个一个的沙丘高低起伏，望不到边儿。

【初 040-3】数量词组重叠

形式：一 AA

意义：表示数量多。

用法：可以做定语，也可以做状语，数词只能是"一"。注意：做定语时
　　　　"一 AA"后一般不用"的"，做状语时"一 AA"后经常用"地"。

例句：

一阵阵微风吹过。

海豚表演吸引着一双双眼睛。

大家一遍遍地练习唱歌。

第五章 时间词与句子的表达

1. 时间单位的表达

"时点"表示"什么时候"，它用来指称对象或事情在时间轴上所处的"位置"。时点的名称从大到小有"年、月、星期、日、点、分、秒"。一"日"又可以分为"早上、上午、中午、下午、晚上、半夜、前半夜、后半夜"。

【初 041】"年"的表达

形式： 数字＋年

读法： 先按顺序读数字，再读"年"。日常表达中可以只说后面两位数字。

例子：

1990 年，读作一九九〇年，日常表达中也读九〇年

2000 年，读作二〇〇〇年，日常表达中也读〇〇年

2020 年，读作二〇二〇年，日常表达中也读二〇年

【初 042】"月"的表达

形式： ×＋月

读法： 先读 1-12，再读"月"。注意：数目前不能用"第"。

例子：

1 月，读作一月

2 月，读作二月

3 月，读作三月

4 月，读作<u>四月</u>

5 月，读作<u>五月</u>

6 月，读作<u>六月</u>

7 月，读作<u>七月</u>

8 月，读作<u>八月</u>

9 月，读作<u>九月</u>

10 月，读作<u>十月</u>

11 月，读作<u>十一月</u>

12 月，读作<u>十二月</u>

【初 043-1】"日"的表达

形式： × + 号 / 日

读法： 先读 1-31，再读"号"或者"日"。日常读"× 号"，"× 日"较为

正式，多用于书面。

例子：

1 号（日），读作<u>一号</u>（日）

10 号（日），读作<u>十号</u>（日）

31 号（日），读作<u>三十一号</u>（日）

【初 043-2】"日"的表达

形式： 星期 + ×

读法： 先读"星期"，再读数字。一个星期的最后一天是"星期天"或"星

期日"。

例子：

<u>星期一</u>

<u>星期二</u>

<u>星期三</u>

<u>星期四</u>

<u>星期五</u>

<u>星期六</u>

<u>星期天</u>

【初 044】一日之内的时间表达

形式：早上、上午、中午、下午、傍晚、晚上

读法："早上""晚上"中的"上"读轻声。

例子：

早上（日出—8 点）

上午（8 点—12 点）

中午（12 点前后）

下午（12 点到日落）

傍晚（日落到天黑的一段时间）

晚上（泛指整个晚上）

【初 045】"钟点"的表达

形式：× ＋ 点

读法：先读 0-24，再读"点"。日常生活中多用"1-12 ＋ 点"，它们的前面
　　　　可以加上"上午、下午、晚上"。

例子：

0 点，读作<u>零点</u>

8 点，读作<u>八点</u>或<u>上午八点</u>

12 点，读作<u>十二点</u>或<u>中午十二点</u>

15 点，读作<u>十五点</u>或<u>下午三点</u>

20 点，读作<u>二十点</u>或<u>晚上八点</u>

24 点，读作<u>二十四点</u>或<u>晚上十二点</u>

【初 046】"分"的表达

形式： × 点 +（零 +）× 分

读法： "1-9 分"前往往要在前面加一个"零"。15 分又叫"一刻"，30 分又叫"半"，45 分又叫"三刻"。"分"经常不读。

例子：

3:03 读作三点零三（分）

3:15 读作三点十五（分）或三点一刻

3:23 读作三点二十三（分）

3:30 读作三点三十（分）或三点半

3:45 读作三点四十五（分）或三点三刻

【初 047】"秒"的表达

形式： × 点 +（零 +）× 分 +（零 +）× 秒

读法： "1-9 秒"前往往要在前面加一个"零"。

例子：

3:03:03 读作三点零三分零三秒

3:15:15 读作三点十五分十五秒

【初 048】时间词的组合

形式： × 年 × 月 × 号（日）× 点 × 分 × 秒

读法： 按照从大到小的组合顺序来读。同时参照"月"和"星期"指某一天时，先说"× 日"，再说"星期 ×"。

例子：

2020 年 9 月 4 号（日）晚上 9 点 30 分 30 秒

2020 年 9 月 4 号（日）星期五晚上 9 点零 3 分零 3 秒

2. 时点的表达

"时点"主要有两种表达方式，一种是直接利用时间的名称来指称"时点"，另一种是利用时间的参照来指称"时点"。

【初 049】用"年"表达时点

形式： 某年

意义： "今年"为说话时所在的年份，往前一年为"去年"，两年为"前年"，三年为"大前年"；往后一年为"明年"，两年为"后年"，三年为"大后年"。

用法： "某年"多做状语（句中或句首）或定语，也可做主语、宾语。

例句：

他明年毕业。

妈妈今年 40 岁。

去年苹果一斤十块，今年一斤八块。

今年的目标实现了吗?

今年比去年冷。

【初 050】用"月"表达时点

形式： 某个月

意义： "这个月"为说话时所在的月份，往前一个月为"上个月"，两个月为"上上个月"；往后一个月为"下个月"，两个月为"下下个月"。

用法： "月"前要用"个"。"某个月"多做状语（句中或句首）或定语，也可做主语、宾语。

例句：

他下个月要搬家。

<u>这个月</u>很多书打折。

<u>下下个月</u>的工作都安排好了。

<u>这个月</u>是十月。

过了<u>这个月</u>，天气就暖和了。

【初 051】用"星期"表达时点

形式：某（个）星期

意义："这（个）星期"为说话时所在的星期，往前一个星期为"上星期"，两个星期为"上上星期"；往后一个星期为"下星期"，两个星期为"下下星期"。

用法："星期"前的"个"可以不用。"某个星期"多做状语（句中或句首）或定语，也可做主语、宾语。

例句：

你<u>这（个）星期</u>上几天课？

<u>上（个）星期</u>工作忙。

<u>上（个）星期</u>的天气一直很好。

<u>这星期</u>马上就结束了。

忙过<u>这星期</u>，好好休息几天。

【初 052】用"天"表达时点

形式：某天

意义："今天"为说话时所在的日子，往前一天为"昨天"，两天为"前天"，三天为"大前天"；往后一天为"明天"，两天为"后天"，三天为"大后天"。

用法："某天"多做状语（句中或句首）或定语，也可做主语、宾语。

例句：

我<u>明天</u>回家。

<u>后天</u>还有雨。

今天的事情今天做。

明天星期几?

汉语课就在今天。

【初 053-1】以前、以后

形式：（时段 +）（以）前 /（以）后

意　义：指称距离"现在"一段距离的时点。

用　法："以前、以后"前面加上时段后确指某一时点，"以"字可以不用。"以前、以后"可以单独使用，但所指具体时点需根据语境确定。

例　句：

他三年（以）前来过中国。

一个星期（以）后开始上课。

他以前学过汉语。

我以后再来看你。

【初 053-2】以前、以后

形式：时点 +（以）前 /（以）后

意　义：指称参照某个所谈论时间的时点。

用　法：这里的"时点"不是指"现在"，而是一个所谈论的时间。这里的时点还可以由动词或动词词组充当，"动词（词组）以前 / 以后"指某事发生时间的前或者后。"以"字可以不用。

例　句：

三点（以）前结束考试。

五点（以）后下班。

吃饭（以）前要洗手。

休息（以）后不要说话。

【初 054】后来

形式：后来

意义：参照的是"过去"的某一个时点，指称"过去"这个参照时点后到现在的任何一个时点。

用法：只能指过去，不能指将来。

例句：

开始的时候不习惯，后来慢慢就习惯了。

他先在南京学习，后来去上海工作了。

【初 055-1】大概时点的表达

形式：时点 + 前后

意义：指某一时点稍早或稍晚的时间。

用法：时点除了由时间词充当，还可以由动词（词组）充当，表示做某事稍早或稍晚的时间。"时点 + 前后"多做状语。

例句：

我春节前后回家。

十号前后会降温。

锻炼前后要喝水。

【初 055-2】大概时点的表达

形式：时点 + 左右

意义：指某一时点稍早或稍晚的时间。

用法：时点由表示时点的时间词充当。"时点 + 左右"多做状语。

例句：

我和朋友下午三点左右去喝茶。

这家商店十号左右开始营业。

3. 时段的表达

"时段"表示"多长时间",它是两个时点的距离。在日常交际中,人们用时段来表达事情或状态在时间轴上占据的"长度"。

【初 056】用"年"表达时段

形式: 数目＋年

意义: 若干个"年(365 天)"的周期。

用法: "年"的前面不能用量词。

例句:

他已经工作了十年。

两年过去了,孩子上中学了。

这件事花了我三年时间。

他一年中了两次奖。

一年最热的时候来了。

【初 057】用"月"表达时段

形式: 数目＋个＋月;半＋个＋月

意义: 若干个"月(30 天或 31 天)"的周期。15 天为"半个月"。

用法: 表示时段时,"月"前要用量词"个";表示月份时,"月"前不能用量词"个"。

例句:

这本书我看了两个月。

一个月过去了,花还没开。

他半个月瘦了五斤。

【初 058】用"天"表达时段

形式： 数目 + 天；半 + 天

意义： 若干个"天"的周期。"半天"多表示时间长，含夸张的语气。

用法： "天"的前面不能用量词。

例句：

我等了半天。

两天太少了。

过几天去看你。

以前一天的路，现在只要几个小时。

他半天不说话。

【初 059】用"小时"表达时段

形式： 数目 + 个 + 小时；数目 + 个 + 半 + 小时

意义： 若干个"小时"的周期。

用法： "小时"前可以用量词"个"，也可以不用。

例句：

每天工作八（个）小时。

作业不多，一（个）小时够了。

这场电影真无聊，浪费了几（个）小时。

他已经十（个）小时没睡觉了。

作业写了两个半小时。

【初 060】用"分钟"表达时段

形式： 数目 + 分钟

意义： 表示若干个"分钟"的周期。

用法： "分钟"前不能用量词。

例句：

工作一小时，休息十分钟。

一分钟太少了，再给我五分钟。

我认真地过每一分钟。

闹钟三分钟响一次。

这个小学每天安排 30 分钟的体育活动。

【初 061】一会儿

形式： 动词＋一会儿；一会儿＋动词

意义： 表示很短的时间。

用法： 必须儿化。

例句：

请等一会儿。

你过一会儿再来。

我一会儿就到。

一会儿就钓到一条大鱼。

【初 062-1】大概时段的表达

形式： 时段＋左右

意义： 表示比某一时段略多或略少。

用法： "时段"后只能用"左右"，不能用"前后"。

例句：

他跑了一个小时左右。

离考试还有一个月左右。

这项工作三天左右能完成。

【初 062-2】大概时段的表达

形式： ×＋个＋多＋月／星期／小时；×＋多＋个＋月／星期／小时

意义： 表示比某一时段略多。

用法： × 为 1-9 时，"多"在"个"的后面；× 为整十、整百等时，"多"

一般在"个"的前面。注意：×为"十"时，也说"十个多月"，

"十个多月"表示十个月多几天，"十多个月"表示十几个月。

例句：

我到中国已经<u>五个多月</u>了。

这个学期还有<u>三个多星期</u>。

这篇作文花了<u>一个多小时</u>。

这个工作需要<u>30多个月</u>。

一年有<u>50多个星期</u>。

他每周工作<u>40多个小时</u>。

这家电视台每年播放<u>100多个小时</u>的纪录片。

他学了<u>十个多月</u>汉语。

他坐了<u>十个多小时</u>的飞机。

【初062-3】大概时段的表达

形式： ×＋年/天＋多；×＋多＋年/天

意义： 表示比某一时段略多。

用法： ×为1-9时，"多"在"年、天"的后面；×为整十、整百等时，"多"在"年、天"的前面。注意："年、天"前面不能用量词"个"。×为十时，也说"十年多"，但"十多年"指十几年，"十年多"指十年多几个月。

例句：

这家商店开了<u>三年多</u>了。

这条小狗已经<u>两天多</u>没吃东西了。

他当了<u>30多年</u>的医生。

还有<u>100多天</u>就要高考了。

十多年过去了，孩子长大了。

我在学校工作了十年多。

4. 时间词的位置与表达

时点和时段主要用来做状语和补语。时点做状语时一般放在动词（词组）前。时段既可以放在动词（词组）前，也可以放在动词（词组）后，但表达的意思不一样。时点和时段还可以做主语和宾语。

【初 063】时点做状语

形式：时点＋动词（词组）

意义：说明动作行为发生的时间位置。

用法：表示时点的时间词语还可以放在句子的开头，充当话题。注意：表示时点的时间词语不能放在动词后。

例句：

我们上午八点上课。

他们下周二去参观博物馆。

A：后天有空儿吗？

B：后天我们有比赛，没空儿。

【初 064】时段做状语

形式：时段＋动词（词组）

意义：说明一段时间里发生了什么事情或有什么情况。

用法：表示时段的时间词语还可以放在句子的开头，充当话题。注意：这里的表时段的词语不能放在动词后。

例句：

他这四年在上大学。

作业三个小时还没做完。

A：最近怎么没看见你？

B：前几天我去了一趟上海。

【初 065】时段做补语

形式： 动词（词组）＋时段

意义： 说明动作行为持续的时长。

用法： 参见【初 096-1】-【初 096-6】时量补语。

例句：

等我一会儿。

下课后休息十分钟。

【初 066】时间词做主语

形式： 时段/时点＋谓语

意义： 说明某一时点或某一时段本身。

用法： 谓语多由名词性词组或形容词性词组充当，也常用"到、过去"等动
词对某一时点或某一时段本身进行说明。参见【初 007-3】主语。

例句：

今天 9 月 5 号。

一个小时太少了。

周末到了。

一年过去了。

【初 067】时间词做宾语

形式： 动词＋时点/时段

意义：某一时点或某一时段是动词关涉的对象。

用法：常见的动词有"过、花、用、有、要、在"等。

例句：

我过几天去看你。

这件事花了三年时间。

这项研究用了 30 年。

他的生日就在今天。

第六章 方位词、处所词与句子的表达

1. 方位词与表达

方位词主要用来表示位置与方向。方位词的成员是封闭的，其主要成员有：上、下、前、后、里、外、中、左、右、东、西、南、北。

【初 068-1】方位词与空间位置的表达

形式： 名词＋方位词

意义： 以名词所指称的对象为参照，来指称一个具体的位置。

用法： 指称位置时，单纯方位词一般不单独使用，而要附加在名词的后面。"左、右"不能这么用。"名词＋方位词"可以做主语、宾语和定语。

例句：

<u>教室里</u>整整齐齐。

<u>门前</u>种着一棵树。

到<u>楼下</u>取快递。

<u>桌子上</u>的花很漂亮。

【初 068-2】方位词与空间位置的表达

形式： 方位词＋名词

意义： 以方位限定指称的对象。

用法： "方位词＋名词"组合不自由，类似一个合成词。"方位词＋名词"一般做主语、宾语。

例句：

东城新开了一个商场。

我在前门等你。

【初 068-3】方位词与空间位置的表达

形式：主语＋在（动词）＋（名词＋方位词）

意义：表示对象所在的位置。

用法：如果所在位置是已知的，"名词＋方位词"可以省略。

例句：

A：我的词典呢？

B：你的词典在桌子上。

A：你到哪儿了？

B：我还在家里呢。

A：手机在包里吗？

B：不在。

【初 069】方位词与方向的表达

形式：朝／向＋方位词

意义：表示对象的静态朝向。

用法："朝／向＋方位词"做谓语，一般不能加修饰语。

例句：

教室的窗户朝北。

学校的大门向南。

【初 070】方位词与时间的表达

参见：

【初 053-1】以前、以后

【初 053-2】以前、以后

【初 055-1】大概时点的表达（前后）

【初 055-2】大概时点的表达（左右）

2. 处所词与表达

处所词表示人或事物的处所。常用的处所词有：

（1）附近、周围、旁边、中间、底下。

（2）由单纯方位词加"边、面"组成的合成方位词，具体成员有：

	上	下	前	后	里	外	左	右	东、西、南、北
边	上边	下边	前边	后边	里边	外边	左边	右边	东（西、南、北）边
面	上面	下面	前面	后面	里面	外面	左面	右面	东（西、南、北）面

（3）"东、西、南、北"两两组合构成的合成方位词，具体成员有：

东北　　西北　　东南　　西南

【初 071-1】处所词与空间位置的表达

形　式：名词 +（的 +）处所词

意　义：以名词所指称的物体为参照来指称某个位置。

用　法："的"可以用，但经常不用。如果在语境中参照明确，合成方位词可以单独使用。"名词 +（的 +）处所词"可以做主语、宾语和定语。

例句：

图书馆里面很安静。

5 号楼（的）周围很安静。

周围很安静。

屋子（的）中间躺着一只猫。

陕西在中国的西北。

里面比外面暖和多了。

教室后面的书架空着。

【初 071-2】处所词与空间位置的表达

形式：处所词 + 的 + 名词

意义：以方位限定指称的对象。

用法：一般要用"的"字。

例句：

周围的环境怎么样？

我在中间的教室上课。

东边的大门关着。

左边的教室没有课。

【初 072】处所词与空间范围的表达

形式：以 + 东、西、南、北

意义：指称空间范围。

用法："以 + 东、西、南、北"前一般要有处所名词作为空间范围的参照界限，在语境明确时，处所名词可以省略。"以 + 东、西、南、北"常做主语和定语，做定语时常加"的"。

例句：

绿道以西是一条河，以东是一片树林。

长江以南的气温已经很高了。

【初 073】处所词与数量的表达

形式：数量 + 以上 / 以下

意义：表示数量的界限。

用法： "数量＋以上／以下" 经常做名词的修饰语，一般要用 "的"。有时也
　　　　做宾语。

例句：

一半以上的题目是语法题。

绿道增加了 1000 公里以上。

3. 方位词、处所词与对象的存现

　　人们在生活中经常需要表达人或事物的存在、出现或消失，在汉语中，要用
存在句或隐现句来表达。使用存现句的时候，要先说处所，再说动词，最后说人
或事物。

【初 074-1】存在句

形式： 处所词语＋是＋名词（词组）

意义： 肯定某处存在某对象。

用法： 主语是表示处所的词语，名词（词组）表示存在的对象。含有 "某个
　　　　处所不是或没有其他对象" 的意思。"是" 前常常用 "就""都""全""到
　　　　处" 等副词。

例句：

A：你们学校怎么样？

B：我们学校美极了，学校前面是一个湖，后面是一座山。

A：请问，去图书馆怎么走？

B：左拐，教学楼后面就是图书馆。

A：包里有什么？怎么这么重？

B：包里都是书。

A：怪不得！

A：下雨了，<u>路上全是水</u>，慢一点儿！

B：放心吧！

A：公园里人多吗？

B：<u>公园里到处都是人</u>。

【初 074-2】存在句

形式：处所词语 + 有 + 名词（词组）

意义：引入某处存在的对象。

用法：常用来初次引入对象。主语是表示处所的词语，名词（词组）表示存在的对象。在语境清晰的情况下，主语常省略。否定形式为"没有、没"。

例句：

A：饿死了！

B：<u>冰箱里有吃的</u>，先吃一点儿。

A：快看，快看，<u>树上有一只小猫</u>！

B：它好像有点儿害怕！

A：<u>有人</u>吗？

B：请进。

A：小明，王老师呢？

B：在办公室啊！

A：我去了，<u>办公室没人</u>。

【初 074-3】存在句

形式：处所词语 + 动词 + 着 + 名词（词组）

意义： 说明某处以某种状态存在某对象。

用法： 常用来描写场景中存在的人或事物。主语是表示处所的词语，"动词＋着"表示动作产生的状态，名词（词组）表示存在的对象。

例句：

<u>草地上坐着很多人</u>，有的在看书，有的在听音乐，有的在聊天儿。

A：你去哪儿了？

B：我去公园了。<u>公园里开着各种各样的花</u>，可漂亮了！

A：我的雨伞呢？

B：<u>门口放着一把伞</u>，是你的吧？

【初 075】隐现句

形式： 处所词语＋动词＋（趋向动词＋）了＋名词词组

意义： 表示某对象在某处出现或消失。

用法： 主语是表示处所的词语，"动词"或"动词＋趋向补语"表示出现或消失的方式，名词表示出现或消失的对象，名词前一般有修饰语限定。参见【初 085-7】复合趋向动词（做补语）与位移。

例句：

A：开学了，<u>教室里换了新桌子</u>。

B：太好了！

A：会议开始了吗？

B：还没有，不过，<u>会议室已经来了很多人</u>。

A：快看，<u>河边飞来了十几只白天鹅</u>！

B：啊，真是太美了！

A：你还有钱吗？

B：没了，买完水果后，身上只剩了一块钱。

A：你怎么了？

B：别提了，家里进了小偷，（家里）丢了一台电脑。

第七章　动词与句子的表达

1. 动词与关涉对象的表达

在汉语中，不连带任何成分或虚词的单个动词充当谓语受到很大的限制。一个动词充当谓语时，往往要带上宾语、补语、状语等连带成分，或者附加上某些虚词。

宾语放在动词的后面，用来表达动词关涉的对象。在汉语中，动词和宾语的语义关系大体上有两种：一种是动作行为的直接作用的对象，这样的宾语是受事宾语；一种是除了受事宾语以外的、动作行为涉及的相关对象，这样的宾语是非受事宾语。

及物动词可以带受事宾语，也可以带非受事宾语。有的不及物动词不带任何宾语，有的不及物动词可以带一定的非受事宾语，但不能带受事宾语。汉语中及物动词和非及物动词的主要区别往往不在于能不能带宾语，而是能带什么样的宾语。

【初076-1】及物动词关涉单个对象

形式： 及物动词 + 名词性宾语

意义： 表示某个动作行为作用于某个对象。

用法： 及物动词与对象的作用方式是多种多样的。有的对象是在动作行为前就存在的，动作行为直接作用于这个对象；有的对象是动作行为实施后产生的，是这个动作行为的结果；有的对象是动作致使的对象，动作行为表示致使的结果；有的对象是动作行为的目的或工具。

例句：

请<u>喝</u>茶！

我<u>见</u>过他。

他<u>买</u>了几个红苹果。

他在<u>写</u>信。

妈妈<u>做</u>了四个菜。

他<u>考</u>了第一名。

请<u>开</u>一下门！

冷了不好吃，我去<u>热</u>热菜！

我在<u>等</u>朋友。

大学毕业后，他要<u>考</u>研究生。

睡觉要<u>盖</u>被子。

在中国工作离不开<u>说</u>汉语。

【初 076-2】及物动词（给予）关涉两个对象

形式：动词（给予义）+宾语₁（指人）+宾语₂（指物）

意义：表示"给予"某人某事物。

用法：常见的"给予"义动词有"给、送、找（钱）、还、卖、赔、教"等。

例句：

我<u>送</u>妈妈一份生日礼物。

售货员<u>找</u>了我三块钱。

张老师<u>教</u>我们语法。

【初 076-3】及物动词（取得）关涉两个对象

形式：动词（取得义）+ 宾语₁（指人）+ 宾语₂（指物）

意义：表示从某人那儿"取得"某物。

用法：常见的"取得"义动词有"买、花、收、偷、骗"等。

例句：

我<u>买</u>了<u>同学</u>一本旧书。

这件事<u>花</u>了<u>我</u>不少时间。

小偷<u>偷</u>了<u>我</u> 200 块钱。

【初 076-4】及物动词（述说）关涉两个对象

形式：动词（述说义）+ 宾语₁（指人）+ 宾语₂（指某事）

意义：表示向某人"说"某事。

用法：常见的"述说"义动词有"问、告诉、通知、回答"等。

例句：

我<u>问</u>了<u>王老师</u>一个问题。

王老师<u>通知</u><u>我们</u>明天放假。

请<u>告诉</u><u>老王</u>我明天去看他。

【初 076-5】及物动词（称谓）关涉两个对象

形式：及物动词（称谓义）+ 宾语₁（指人）+ 宾语₂（指称谓）

意义：表示如何称呼某人。

用法：常见的"称谓"义动词有"叫、称"等。

例句：

同学们<u>叫</u><u>我</u>王老师。

我们都<u>称</u><u>他</u>李大夫。

【初 076-6】及物动词关涉动作行为

形式：及物动词 + 动词性宾语

意义：表示某个动作行为直接作用于另一个动作行为。

用法：动词性宾语多由动词、动宾词组、状中词组充当。常用的带动词性宾语的动词有：（1）心理类，如喜欢、爱、讨厌、后悔、担心、想、希望、重视、需要、要求；（2）认知类，如同意、支持、允许、反对、拒绝、回忆、知道、打算、研究、决定；（3）言语类，如保证、建议、商量、命令、申请、争吵、议论、说、讲、祝贺、表示；（4）行为类，如负责、组织、表演、学、练、练习、考、比赛、参加、举行、防止、获得、取得、争取、开始、继续、结束、停止、坚持、减少、增加、扩大、缩小、小心、影响、装（假装）。动词性宾语可以用"什么"来提问。注意：其中很多动词也可以带名词性宾语。

例句：

这个小姑娘爱哭。

我保证不迟到。

他在学画画儿。

明天八点开始上课。

【初 076-7】及物动词关涉性质状态

形式：及物动词 + 形容词性宾语

意义：表示某个动作行为直接作用于一种性质。

用法：形容词受事宾语多由形容词、状中词组充当。常用的带形容词受事宾语的动词有：爱、恨、怕、喜欢、嫌、保持、觉得、以为、充满、恢复、遇到、注意等。形容词性宾语大多可以用"什么"来提问。

例句：

他怕热。

请注意安全！

我觉得有点儿冷。

【初 076-8】及物动词关涉事情

形式： 及物动词 + 小句宾语

意义： 表示某个动作行为直接作用于某件事情。

用法： 带小句宾语的常见动词有：看见、听见、发现、知道、觉得、记得、
希望、盼望、同意、决定、相信、怀疑、保证、担心、考虑、夸奖、
批评、骂、欢迎、检查、遇到等。小句宾语可以用"什么"来提问。
注意：其中很多动词也可以带名词性宾语。

例句：

我看见孩子们在跳绳。

妈妈希望我早点儿回家。

【初 077】不及物动词关涉对象

形式： 不及物动词 + 名词性宾语

意义： 表示动作行为关涉某对象。

用法： 不及物动词可以带非受事宾语。有的对象是动作行为直接关涉的当事
者，有的对象是动作行为的处所，还有的对象是动作行为的发出者。

例句：

刮风了！

下雨了！

我丢了一本书。

他来到中国，开始了留学生活。

我明天去医院。

您坐沙发上！

我住宿舍。

挖中间，不要挖两边！

他经常爬山。

家里<u>来</u>客人了。

这个房间能<u>住</u>三个人。

2. 趋向动词与空间位移的表达

趋向动词用来表达某一对象在空间上的位移方向。趋向动词有单纯趋向动词和复合趋向动词之别。单纯趋向动词又分为两组，具体分组及成员为：

Ⅰ：上、下、进、出、回、过、起

Ⅱ：来、去

复合趋向动词由单纯趋向动词组合而成，组合方式是Ⅰ+Ⅱ。具体成员为：

	上	下	进	出	回	过	起
来	上来	下来	进来	出来	回来	过来	起来
去	上去	下去	进去	出去	回去	过去	–

趋向动词主要用作动词的补语。趋向动词与动词的组合是自由的，主要动词用来表示位移方式，趋向动词用来表示位移方向。Ⅰ组成员位移方向参照的是客观的空间位置，Ⅱ组成员位移方向参照的是说话人所处的位置。复合趋向动词位移方向的参照是单纯趋向动词位移参照的结合。

【初 078】"上""下"（做补语）与位移

形式：动词+上/下+宾语（处所）

意义："上"表示某一对象从低处到高处，"下"表示某一对象从高处到低处。

用法：主语是移动的对象，"动词+上"的处所宾语表示到达的处所，"动词+下"的处所宾语表示离开的处所。

例句：

他跑<u>上</u>五楼。

她走<u>下</u>舞台。

【初 079】"进""出"（做补语）与位移

形式：动词＋进／出＋宾语（处所）

意义："进"表示某一对象从外面到里面，"出"表示从里面到外面。

用法：主语是移动的对象，"动词＋进"的处所宾语表示到达的处所，"动词＋出"的处所宾语表示离开的处所。

例句：

上课了，同学们走进了教室。

下课了，同学们走出了教室。

【初 080-1】"回"（做补语）与位移

形式：动词＋回＋宾语（处所）

意义：表示某一对象从别处到原处。

用法：如果动词还有受事宾语，经常用"把"字把受事宾语提到动词前，表示使某对象从别处到原处。

例句：

下雨了，他急忙跑回家。

请把餐具放回厨房。

李老师把学生们送回了家。

【初 080-2】"回"（做补语）与位移

形式：动词＋回＋宾语（受事）

意义：表示某一对象"跟随"主语到"原处"。

用法：宾语所表示的对象原本不在"原处"。

例句：

嫦娥5号取回了月壤。

哥哥从图书馆借回了很多书。

【初 081-1】"过"（做补语）与位移

形式： 动词＋过＋宾语（处所）

意义： 表示某一对象经过某一地方。

用法： 常与"走、跳、跨、飞、冲、穿"等表示运动的动词搭配使用。

例句：

穿过广场，再走过一条小路，就是邮局。

他第一个冲过了终点线。

【初 081-2】"过"（做补语）与位移

形式： 动词＋过＋宾语（受事）

意义： 表示使对象从一个位置到另一个位置。

用法： 经常与"拿、递、拉、搬、接"等使对象移动的动词搭配使用。

例句：

他拿过表格，认真看了看。

他从旁边搬过一把椅子，坐了下来。

【初 082】"起"（做补语）与位移

形式： 动词＋起＋宾语（受事）

意义： 表示使某一对象向上离开原来的地方。

用法： 经常与"拿、搬、举、抬、抱"等使对象移动的动词搭配使用。

例句：

小明拿起相机，拍了一张照片。

你能搬起这块石头吗？

【初 083】"来""去"（做补语）与位移

形式： 主语（受事）＋动词＋来/去；主语（施事）＋动词＋来/去＋宾语（受事）

意义："来"表示某一对象朝向说话人所在地移动，"去"表示某一对象离开说话人所在地。

用法：受事主语一般是确定的对象，常由光杆名词或受指数词组限定的名词词组充当；受事宾语一般是不确定的对象，前面常常有数量词组做修饰语。

例句：

书<u>买来</u>了。

那个蛋糕<u>送去</u>了。

我给他<u>送去</u>了<u>一个蛋糕</u>。

我<u>借来</u><u>几万块</u>，开了一家小商店。

【初 084】复合趋向动词（做谓语）与位移

形式：（主语）+（状语）+复合趋向动词

意义：单纯表示某一对象位移的方向。

用法："来""去"读轻声。

例句：

我在三楼，你<u>上来</u>吧。

他什么时候<u>回去</u>？

【初 085-1】复合趋向动词（做补语）与位移

形式：主语（位移对象）+动词+复合趋向动词

意义：表示某对象参照客观空间位置及说话人所处位置并凭借某具体动作行为进行位移。

用法：复合趋向动词做补语读轻声。

例句：

咱们<u>走回去</u>吧！

一件衣服从楼上<u>掉</u>了<u>下来</u>。

邮件<u>发过去</u>了。

快递<u>拿回来</u>了。

【初 085-2】复合趋向动词（做补语）与位移

形式：主语（施事）＋动词＋宾语（位移对象）＋复合趋向动词

意义：强调动作行为使某对象向一定方向发生位移。

用法：复合趋向动词做补语读轻声。宾语（位移对象）的指称是不确定的。
多为未然的事情。常用于祈使句。

例句：

拿几支笔出来！

端一杯热茶上来！

我买些水果回去。

【初 085-3】复合趋向动词（做补语）与位移

形式：主语（施事）＋动词＋复合趋向动词＋宾语（位移对象）

意义：强调动作行为使某对象向一定方向发生位移。

用法：复合趋向动词做补语读轻声。宾语（位移对象）的指称是不确定的，
注意与【初 085-4】对比。多为已然的事情。

例句：

妈妈买回来一袋大米。

爸爸从院子里牵出来一头牛。

【初 085-4】复合趋向动词（做补语）与位移

形式：主语（施事）＋把＋宾语（位移对象）＋动词＋复合趋向动词

意义：强调使一个确定对象向一定方向发生位移。

用法：复合趋向动词做补语读轻声。位移对象的指称是确定的，注意与【初
085-3】对比。参见【初 108-3】主动。

例句：

请把那辆自行车推出来！

我已经把文件发过去了。

【初085-5】复合趋向动词（做补语）与位移

形式： 主语（位移对象）+ 动词 + 上 / 下 / 进 / 出 / 回 / 过 + 处所宾语 + 来 / 去

意义： 表示某一对象位移到某一处所。

用法： 复合趋向动词做补语读轻声。主语可以是施事，也可以是受事。注意与【初085-6】对比。

例句：

咱们走回家去吧！

桌子搬进教室去了。

【初085-6】复合趋向动词（做补语）与位移

形式： 主语（施事）+ 把 + 宾语（位移对象）+ 上 / 下 / 进 / 出 / 回 / 过 + 处所宾语 + 来 / 去

意义： 表示使位移对象向某一处所位移。

用法： 复合趋向动词做补语读轻声。注意与【初085-5】对比。参见【初108-3】主动。

例句：

大家把桌子抬进教室来。

你把那盆鲜花送回家去。

【初085-7】复合趋向动词（做补语）与位移

形式： 主语（处所）+ 动词 + 复合趋向动词 + 宾语（位移对象）

意义： 表示某一处所出现或消失某一对象。

用法： 复合趋向动词做补语读轻声。参见【初075】隐现句。

例句：

教室里跑进来一只猫。

天上飞过去一架飞机。

3. 趋向动词的引申用法

趋向动词做趋向补语时，有时候并不表示位移的方向，而是用来表示结果、状态等意思。这是趋向补语的引申用法。趋向补语的引申用法与动词的组合有较强的习惯性。

【初 086】"上"（做补语）的引申用法

形式： 主语（受事）+ 动词 + 上；动词 + 上 + 宾语（受事）

意义： 表示使不同的事物或事物不同的部分结合在一起。

用法： 强调动作行为致使某一对象与另一对象结合在一起。动作行为致使的对象常做主语、宾语，还常用"把"字将受事提到动词的前边。

例句：

门关上了。

闭上眼睛，休息休息。

外边冷，把帽子戴上，把棉衣穿上。

【初 087】"下"（做补语）的引申用法

形式： 动词 + 下 + 宾语（受事）

意义： 表示动作的完成或结果。

用法： 强调动作行为致使某一对象与另一对象分开。动作行为致使的对象常做宾语。

例句：

要是摘下眼镜，我什么也看不见。

请留下电话号码，有消息联系您。

【初 088】"上来"（做补语）的引申用法

形式： 主语（移动对象）＋动词＋上来

意义： 表示对象向某一目标靠近。

用法： 参照的立足点是"目标"，主语表示的移动对象向"目标"靠近。目标可能是明确的，也可能是隐含的。

例句：

他的学习成绩赶上来了。

看到老师，同学们热情地围上来打招呼。

【初 089】"上去"（做补语）的引申用法

形式： 主语（移动对象）＋动词＋上去

意义： 表示对象向某一目标靠近。

用法： 参照的立足点是"现状"，表示移动对象向"目标"靠近。目标可能是明确的，也可能是隐含的。如果主语是动作行为发出者而不是移动对象，常用"把"字将移动对象提到动词的前边。

例句：

作业已经给老师交上去了。

我已经把作业给老师交上去了。

我入学晚了一个月，落下的功课还没补上去。

我入学晚了一个月，我得把落下的功课补上去。

【初 090】"下来"（做补语）的引申用法

形式： 主语（移动对象）＋动词＋下来

意义： 表示对象从较高的地位到较低的地位，或从较高的程度到较低的程度。

用法： 参照的立足点是"较低的地位或程度"，表示移动对象向"较低的地位或程度"靠近。如果主语是动作行为发出者而不是移动对象，常用"把"字将移动对象提到动词的前边。

例句：

他刚从工作岗位上<u>退下来</u>，一下子有些不习惯。

<u>工作</u>布置<u>下来</u>了，大家抓紧时间！

秋天到了，<u>气温</u>终于<u>降下来</u>了。

<u>比赛通知</u>发<u>下来</u>了，你看到了吗？

办公室把<u>比赛通知</u>发<u>下来</u>了，你看到了吗？

【初091】"下去"（做补语）的引申用法

形式： 主语（移动对象）＋动词＋下去

意义： 表示对象从较高的地位到较低的地位，或从较高的程度到较低的程度。

用法： 参照的立足点是"较高的地位或程度"，表示移动对象向"较低的地位或程度"靠近。如果主语是动作行为发出者而不是移动对象，常用"把"字将移动对象提到动词的前边。

例句：

谁的工作谁负责，<u>责任</u>要一级一级地<u>压下去</u>。

他坚持锻炼，<u>体重</u>终于<u>降下去</u>了。

<u>比赛通知</u>已经发<u>下去</u>了，你收到了吗？

办公室已经把<u>比赛通知</u>发<u>下去</u>了，你收到了吗？

【初092】"出"（做补语）的引申用法

形式： 主语＋动词＋出＋宾语

意义： 表示从无到有。

用法： 主语表示动作行为的发出者，宾语是动作行为产生的结果。这个结果的产生往往需要一个过程。

例句：

他想<u>出</u>了一个好主意。

他教<u>出</u>了很多优秀的学生。

4. 动词与相关结果的表达

事态是发展变化的。随着动作行为的施行，事态往往会在某个时刻出现一个结果。在汉语中，这种事态的结果主要由形容词和一部分动词来充当。它们直接放在谓语动词的后面，充当补语。

【初 093-1】结果补语

形式： 动词＋结果补语（形容词）

意义： 表示动作行为导致的、相关对象在特定时点的状态。

用法： 表义重点在结果补语上。动态助词要放在补语后。

例句：

你吃<u>饱</u>了吗？

这件衣服洗<u>干净</u>了。

【初 093-2】结果补语

形式： 动词＋结果补语（动词）

意义： 表示动作行为导致的、相关对象在特定时点的状态。

用法： 表义重点在结果补语上。充当结果补语的动词主要是部分瞬间动词，如完、见、懂、破、会、走、死、倒、丢、掉、到、住、成。动态助词要放在结果补语后。

例句：

作业都做<u>完</u>了。

我钓<u>到</u>过一条大鱼。

【初 093-3】结果补语

形式：动词 + 结果补语 + 宾语

意义：表示动作行为关涉的对象出现某结果。

用法：动词引起的结果往往指向宾语所指的对象。经常用"把"字将宾语提到动词前。参见【初 108-3】主动。

例句：

我们看完演出，去喝了一杯茶。

他一年跑破了好几双鞋。

他不小心把杯子打破了。

我一定要把汉语学好。

【初 093-4】结果补语

形式：动词 + 宾语 + 动词 + 结果补语

意义：表示因为做某事而引发某结果。

用法："动词 + 宾语"中动词不带动态助词，宾语不带修饰语。

例句：

他喝酒喝醉了。

我看书看累了。

5. 动词与相关状态的表达

事态出现的结果有时是持续的，如果要表达这种持续的状态，往往需要用状态补语来表达。充当状态补语的成分是多种多样的，可以是一个词，也可以是各类词组，它们的共同之处是都可以描写事情的状态。

【初 094-1】状态补语

形式：动词 + 得 + 形容词（词组）

意义：表示某动作行为引发的某种可持续性状态。

用法：状态补语多指向主语，主语可以是动作行为的发出者，也可以是动作
　　　　行为的受事。

例句：

他<u>跑</u>得很快。

<u>课讲</u>得清清楚楚。

他<u>唱</u>得十分好听。

【初 094-2】状态补语

形式：动词＋宾语＋动词＋得＋形容词（词组）

意义：表示做某事时保持某状态。

用法："动词＋宾语"中动词不带动态助词，宾语不带修饰语。

例句：

他<u>唱歌唱</u>得很好听。

他<u>写汉字写</u>得很熟练。

6. 动词与事态可能性的表达

在日常生活中，人们往往需要评估某一事态是否可能。如果要表达这种事态
的可能性，往往要使用可能补语。可能补语主要由趋向动词和形容词充当。

【初 095-1】可能补语

形式：动词＋得／不＋趋向动词

意义：用来对空间位移能否实现进行评估。

用法：肯定形式是"动词＋得＋趋向补语"，否定形式是"动词＋不＋趋向
　　　　补语"。

例句：

桌子很轻，他一个人<u>搬得上去</u>。

路太窄了，车<u>开不进去</u>。

【初 095-2】可能补语

形式：动词＋得／不＋形容词／部分单音节动词

意义：用来对动作引发的结果能否实现进行评估。

用法：肯定形式是"动词＋得＋形容词／部分单音节动词"，否定形式是"动词＋不＋形容词／部分单音节动词"。充当可能补语的形容词较为自由，充当可能补语的动词主要是部分单音节瞬时动词，具体参见【初 093-2】结果补语。

例句：

还有一个星期，工作<u>做得完</u>。

这次考试没准备，肯定<u>考不好</u>。

7. 动词与时量的表达

在日常生活中，某件事情往往会持续一段时间。如果要表达某事持续的时间，需要在动词后面加上表示时段的词语，这就是时量补语。

【初 096-1】时量补语

形式：动词（可持续）＋时段

意义：表示动作行为持续一段时间。

用法：动词为持续性动词。多用于祈使句。

例句：

请<u>等一会儿</u>。

<u>休息一个星期</u>。

【初 096-2】时量补语

形式： 动词（可持续）＋了₁＋时段

意义： 表示动作行为已经持续了一段时间。

用法： 动词为持续性动词。注意：动词加"了₁"，并不一定表示事情"完成"。参见【初 111-1】完成态。

例句：

我<u>等了一个小时</u>，不等了。

已经<u>等了一个小时</u>，再等一会儿吧。

这本书<u>看了三天</u>，还没看完。

这本书<u>看了三天</u>，终于看完了。

【初 096-3】时量补语

形式： 动词（可持续）＋了₁＋时段＋了₂

意义： 表示动作行为持续一段时间后对当前产生某种影响。

用法： 动词为持续性动词。一般要有后续的句子说明产生的影响。

例句：

这本书<u>看了三天了</u>，还没看完呢。

我<u>等了一个小时了</u>，火车还没到。

【初 096-4】时量补语

形式： 动词（可持续）＋过＋时段

意义： 表示动作行为在过去持续的一段时间。

用法： 动词为持续性动词。一般用来叙述过去的事情。

例句：

他以前<u>学过一个月</u>。

这种游戏小时候<u>玩儿过一段时间</u>。

【初 096-5】时量补语

形　式：动词（非持续）＋了₁＋时段＋了₂

意　义：表示动作行为引起的某种状态持续一段时间。

用　法：动词为非持续性动词，往往需要有后续的句子。注意：动词涉及的相
　　　　关对象做主语，动词后不带宾语。

例句：

墙倒了半年了，没人来修。

灯笼挂了一个星期了，该取下来了。

【初 096-6】时量补语

形　式：动词＋时段＋宾语（名词）；动词＋宾语（代词）＋时段

意　义：表示动作行为或某种状态就某对象而言持续一段时间。

用　法：主语一般是动作行为的发出者，有时也可以是受事。注意：如果涉及
　　　　的对象由代词充当，宾语（代词）要放在时段前。

例句：

他一周只上三天班。

我以前学过一年英语。

你等我五分钟。

这本书借你三天。

8.　动词与动量的表达

　　在日常生活中，人们不仅需要表达行为状态持续的时长，还需要表达动作行
为的次数。表达动作行为的次数，需要使用动量词（组）做补语，动量词具体成
员见第四章第 5 小节"动量词与行为数量的表达"【初 037】-【初 038】。时量和
动量是动作行为数量表达的两个角度，两者有很多共同之处。除此之外，有时还
需要在表达动量的同时表达顺序，这时需要在动量词前使用序数词。

【初 097-1】动量补语

形式：动词 + 了₁ + 动量词组

意义：表示动作行为达到某一数量。

用法：数词不是"一"时，强调动作行为的重复。参见【初 111-2】完成态。

例句：

我看了三遍。

他问了两次。

【初 097-2】动量补语

形式：动词 + 了₁ + 动量词组 + 了₂

意义：表示动作行为重复后引起某种影响。

用法："动词 + 了₁ + 动量词组 + 了₂"强调后续的影响，往往有后续句。

例句：

我看了三遍了，忘不了。

他问了好几次了，你赶紧回个电话。

【初 097-3】动量补语

形式：动词 + 过 + 动量词组

意义：表示动作行为在过去完成的次数。

用法：一般用来叙述过去的事情。

例句：

我以前去过一次。

我们见过几面。

【初 097-4】动量补语

形式：动词 + 动量词组 + 宾语（名词）；动词 + 宾语（代词）+ 动量词组

意义：表示动作行为就某对象而言发生的次数。

用法：名词宾语要放在动量词组后。如果宾语由代词充当，代词要放在动量
　　　词组前。

例句：

他一周<u>上三次汉语课</u>。

今年冬天<u>下了两场雪</u>。

我<u>见过他两面</u>。

老师<u>夸了我好几回</u>。

【初 098-1】动量词组做状语

形式： 序数词 + 动量词 + 动词词组

意义： 表示动作行为的次序。

用法： 参见【初 032-1】序数的表达。

例句：

我<u>第一次当老师</u>，有点儿紧张。

半个月后，我<u>第二次见到了他</u>。

开学一个月了，我才<u>第一回去图书馆借书</u>。

【初 098-2】动量词组做状语

形式： 一 + 动量词 + 动词词组

意义： 表示动作行为短而快。

用法： 数词限于"一"。

例句：

他<u>一脚踢开门</u>，生气地走了出去。

这次录音<u>一遍完成</u>，非常顺利。

报纸<u>一下子卖出几千份</u>。

【初 099】动作行为零数量的强调

形式： 一＋动量词／时量词＋（名词＋）也＋没／不＋动词词组

意义： 强调说明动作行为完全没有发生。

用法： 数词限于"一"，只能用于否定。

例句：

我一次也没迟到。

他一遍（课文）也不读。

一周七天，他一天也没休息。

这件事很急，一分钟（时间）也不能耽误。

9.　能愿动词与情态的表达

在日常生活中，人们不仅面对一个现实的世界，叙述实际发生的事情，还要面对一个可能的世界，表达事情的可能性、必要性，表达主观的愿望、需求，这就是情态的表达。能愿动词是汉语表达情态的一种重要手段，其主要成员有：能、会、要、可以、应该、敢等，它们主要和动词（词组）合用。

【初 100-1】能

形式：（主语＋）能＋动词（词组）

意义： 表示期望某事实现并具备了实现的客观条件。

用法： "主语＋能＋动词（词组）"常常做后续的句子，前面的句子表示具备了实现某事的条件。"不＋能＋动词（词组）"中"不"否定的是"能"，表示不具备做某事的条件。如果进一步对动词（词组）进行否定，其层次是"不能＋【不＋动词（词组）】"，意思相当于"必须、应该"。否定已然的事实时，用"没能"。

例句：

放假了，终于能休息了。

这儿工资高，一个月能挣 5000 块。

从这儿到学校很近，几分钟就能到。

你喝了酒，不能开车。

昨天下了一场大雪，今天不能去爬山了。

孩子有事，我不能不问。

人不能不学习。

昨天我有事，没能去打球。

【初 100-2】能

形式：（主语＋）能＋动词（词组）

意义：期望做某事并获得了同意，即"被允许做某事"。

用法：否定形式是"不能"，表示"不允许"。主要用于疑问句和否定句中。

例句：

我能进来吗？

对不起，这里不能吸烟。

上课不能迟到。

【初 100-3】能

形式：状语＋能＋动词（词组）

意义：表示不容易做到的事情却做到了，即"善于做某事"。

用法："能"前经常加"很、非常"等程度副词。

例句：

他很能跑，每次比赛都是第一名。

玛丽一分钟能写几十个汉字。

【初 100-4】能

形式：主语（事物）＋能＋动词（词组）

意义：表示事物本身就具有实现某事的条件，即"有某种作用"。

用法：主语一般为"事物"。

例句：

植物<u>能</u>美化环境。

铅笔<u>能</u>写字，还<u>能</u>画画儿。

【初 101-1】会（huì）

形式：会＋动词（词组）

意义：表示知道怎么做某事。

用法：多用于经过学习或练习得到的技能。否定形式是"不会"。

例句：

他<u>会</u>说汉语。

我<u>不会</u>打篮球。

【初 101-2】会（huì）

形式：（程度副词＋）会＋动词（词组）

意义：表示精通一件事情。

用法："会"前常加"很、非常"等程度副词。

例句：

我的祖母<u>很会</u>讲故事。

他<u>最会</u>和人聊天儿了。

【初 101-3】会（huì）

形式：（情态副词＋）会＋动词（词组）

意义：表示相信某事将出现。

用法："会"前经常加"可能、一定、早晚"等副词。否定形式是"不会"。
如果对动词词组进行否定，它的层次是"不会＋【不＋动词（词组）】"，意思接近"一定＋动词（词组）"。

例句：

路上堵车，我<u>可能会</u>迟到。

只要坚持下去，<u>一定会</u>过上好日子。

早点儿准备的话，<u>一定会</u>成功。

我知道那一天<u>早晚会</u>到来。

他<u>不会不</u>明白这个道理。

【初 102-1】可以

形　式： 可以＋动词（词组）

意　义： 表示期望某事实现并具备了实现的客观条件。

用　法： 可以用"【初 100-1】能"替换。否定形式通常是"不能"，一般不说"不可以"。

例句：

放假了，终于<u>可以休息</u>了。

虽然放假了，但是还<u>不能休息</u>。

【初 102-2】可以

形　式： 可以＋动词（词组）

意　义： 表示允许。

用　法： 可以用"【初 100-2】能"替换。否定形式多用"不能"。

例句：

室外<u>可以吸烟</u>。

取得了一点儿成绩，<u>不能骄傲</u>！

【初 102-3】可以

形　式： 主语（事物）＋可以＋动词（词组）

意　义： 表示有某种作用。

用　法： 可以用"【初 100-4】能"替换。主要用于肯定形式。

例句：

植物<u>可以</u>美化环境。

铅笔<u>可以</u>写字，还<u>可以</u>画画儿。

【初 103-1】要

形式： 主语（人）＋要＋动词（词组）

意义： 表示某人特别想或特别需要做某事，即"必须做某事"。

用法： "要"前经常加"就、一定"等副词。否定形式是"不想"或"不愿意"。

例句：

王奶奶不吃药，不喝水，不吃饭，<u>就要回家</u>。

他每件事情都<u>一定要</u>做完美。

我有点儿不舒服，<u>不想吃饭</u>。

他<u>不愿意去跑步</u>。

【初 103-2】要

形式： 主语（人）＋要＋动词（词组）

意义： 表示要求听话人一定做某事。

用法： 用于祈使句，否定形式是"不要"，主要用来表示禁止或劝阻。"不要"经常说成"别"。主语经常省略。

例句：

饭前<u>要洗手</u>。

对孩子<u>要</u>有耐心！

妈妈老了，我们<u>要照顾</u>好妈妈！

<u>不要（别）</u>说话，保持安静！

妈妈在，<u>不要（别）</u>怕！

【初 103-3】要

形式： 主语（事或物）＋要＋动词（词组）

意义： 表达某事不这么做不行，即"必须这么做"。

用法： 主语指事或物，不指人。

例句：

跑步要循序渐进。

学习要抓住重点。

汉字要多练习，不然写不好。

【初 103-4】要

形式：（主语）＋（就／快）要＋动词（词组）＋（了）

意义： 预测某事不久后一定发生。

用法： 用于将来。否定形式不说"不要"，要说"不会"。疑问形式不是"要不要"，通常说"是不是要……"。

例句：

糟糕，又堵车，要迟到了。

快五点了，他就要下班了。

看样子要下雨，把衣服收一收。

糟糕，又堵车，是不是要迟到了？

快五点了，他是不是就要下班了？

【初 104】愿意

形式： 愿意＋动词（词组）

意义： 表示符合自己的意志而同意做一件事。

用法："愿意"前常常加程度副词。在语境清晰的情况下，常常只说"愿意"。否定形式是"不愿意"。

例句：

我<u>愿意</u>和你在一起！

他特别<u>愿意</u>跟朋友聊天儿。

大家都<u>不愿意</u>加班。

【初105】敢

形式：敢＋动词（词组）

意义：表示有勇气做一件事情。

用法：否定形式是"不敢"。

例句：

你<u>敢</u>吃螃蟹吗？

她有些伤心，我<u>不敢</u>问她考得怎么样。

【初106-1】应该

形式：应该＋动词（词组）

意义：表示说话人认为符合情理的做法。

用法：用于已经发生的事情。否定形式是"不应该"，表示说话人认为不符合情理的做法。

例句：

电影已经开始了，你<u>应该</u>早点儿来。

电影已经开始了，你<u>不应该</u>迟到。

话说多了，<u>应该</u>少说一点儿。

话说多了，<u>不应该</u>说那么多。

【初106-2】应该

形式：应该＋动词（词组）

意义：表示说话人按情理推想需要怎么做。

用法：用于尚未发生的事情。

例句：

身体不舒服，<u>应该早检查、早治疗</u>。

做事情<u>应该找准方向</u>。

【初 106-3】应该

形式： 应该＋动词（词组）

意义： 表示说话人按情理推想必然怎么样。

用法： 用于估计一般性的情况。

例句：

他三点的飞机，现在<u>应该到了</u>。

他基础很好，通过这次考试<u>应该没问题</u>。

10. 主动与被动的表达

人们在叙述一件事情的时候，着眼点有所不同。有时候着眼点在于施事，重在说施事采取了什么行为，想取得什么结果；有时候着眼点在于受事，重在表达受事遭受动作行为后怎么了。这是表达的主动与被动的区别。

【初 107-1】被动

形式： 主语（受事）＋复杂谓语

意义： 表示确定的对象受到动作行为的影响而怎么样。

用法： 主语或者是定指性的，或者是周遍性的。谓语不能是一个单个动词，动词前后要有别的成分。

例句：

<u>作业写完了</u>。

<u>问题讲得清清楚楚</u>。

<u>什么东西都没吃</u>。

所有的问题都问遍了。

大家的事大家办。

【初 107-2】被动

形式： 主语（受事）＋被＋宾语（施事）＋动词＋其他成分（非宾语）

意义： 强调一个确定的对象受到动作行为的影响而产生某种消极的结果。

用法： 介词"被"引入动作行为的施事，如果不知道或不必说出施事，"被"
后的"施事"可以不说。如果要表示否定，要把"不"或者"没"放
在"被"字前。在肯定形式中，动词后一般有其他成分；在否定形式
中，可以是一个单独的动词。

例句：

鱼被猫吃了。

杯子被弟弟打碎了。

衣服被淋湿了。

火还没被扑灭。

他常常不被理解，感到有些委屈。

【初 107-3】被动

形式： 主语（受事）＋被＋宾语（施事）＋动词＋其他成分（非宾语）＋宾
语

意义： 见【初 107-2】。

用法： 宾语和句子的主语往往有意义上的联系。

例句：

衣服被烧了一个眼儿。（结果）

蛋糕被弟弟吃了一半儿。（部分）

可怜的小狗被压断了一条腿。（领有）

【初 108-1】主动

形式： 主语（施事）+ 把 + 宾语（受事）+ 动词 + 在 / 到 + 处所

意义： 主语针对确定的对象施行一个动作行为，从而使这一对象的位置发生
移动。

用法： 动词是及物动词。"把"的宾语所指的对象是动作行为的受事，它是
说话双方已知的。

例句：

A：我的词典呢？

B：我把词典放在桌子上了。

A：这把椅子搬到哪儿？

B：你把椅子搬到门口吧。

【初 108-2】主动

形式： 主语（施事）+ 把 + 宾语（受事）+ 动词 + 给 + 对象

意义： 主语针对确定的对象施行一个动作行为，从而使这一对象从一方转到
另一方。

用法： 动词是及物动词。"把"的宾语所指的对象是动作行为的受事，它是
说话双方已知的。

例句：

A：请把笔递给我。

B：给你！

A：请问谁收作业？

B：你把作业交给小丽。

【初 108-3】主动

形式： 主语（施事）+ 把 + 宾语（受事）+ 动词 + 补语

意义：表示主语针对确定的对象施行一个动作行为，从而使这一对象产生某种变化。

用法：动词是及物动词。"把"字的宾语所指的对象是动作行为的受事，它是说话双方已知的。补语用来表示产生的变化，可以是结果补语、状态补语或趋向补语。参见【初 085-4】复合趋向动词（做补语）与位移、【初 085-6】复合趋向动词（做补语）与位移、【初 093-3】结果补语。

例句：

A：你在忙什么？

B：明天就要交作业了，我今天必须把它写完。

A：老师，我看不清楚！

B：好，我把字写得大一点儿。

A：你好！我买的书怎么还没到？

B：我上周就把书寄出去了，您还没收到吗？

11. 动词与态的表达

人们在日常生活中需要对事情的开始、进行、持续、结束等进展状态进行说明，汉语表示事态的主要手段有动态助词、时间副词、部分趋向补语。它们互相配合，细致地表达了人们对事态的观察。

【初 109-1】进行态

形式：在 + 动词（词组）

意义：表示动作行为在某一时点已经开始且尚未结束。

用法：如果要描述动作行为在多个时点具有同样的状态，可以在动词前加相应的时间副词。

例句：

他在上课。

外面在下雨。

我经常在想，什么样的生活才是幸福的生活？

这几个月他一直在休息。

【初 109-2】进行态

形式：正＋动词＋着＋……（＋呢）

意义：强调某件事情和正在进行的事情恰好同时发生。

用法：用"正"的句子前后总有别的句子。

例句：

一回头，班长正看着我。

我走到张老师家，张老师正等着我呢。

正说着话，儿子跑过来抱住了她。

正想着给你打电话呢，你就来了。

【初 109-3】进行态

形式：正在＋动词（词组）

意义：表达恰好在某个时间发生某事。

用法："正在"是"正"和"在"的组合。句末经常用语气词"呢"。

例句：

你别打扰他，他正在写作业。

你给我打电话的时候，我正在做饭呢。

【初 110-1】持续态

形式：主语（施事）＋动词＋着＋（宾语）

意义：用来表示动作行为在某一时段的状态。

用法：在这一时段中动作行为或者保持延续，或者反复进行。

例句:

你在家等<u>着</u>!

我一直梦想<u>着</u>做一位火车司机。

书画家们大手握<u>着</u>小手,教小朋友们写"福"字。

他心里着急,一会儿坐<u>着</u>,一会儿站<u>着</u>。

爸爸妈妈热情地招呼<u>着</u>客人。

台下的观众喝<u>着</u>茶,吃<u>着</u>零食。

他一页页翻<u>着</u>,一项项看<u>着</u>,脸上露出了笑容。

【初 110-2】持续态

形 式: 主语(对象)+ 动词 + 着 +(宾语)

意 义: 表示保持某种静止的状态。

用 法: 这种状态是在动作行为结束后出现的。

例句:

她穿<u>着</u>一件红毛衣。

晚上 9 点了,诊所还开<u>着</u>门。

【初 110-3】持续态

形 式: 主语(处所)+ 动词 + 着 + 宾语

意 义: 表示存在方式。

用 法: 参见【初 074-3】存在句。

例句:

桌子上放<u>着</u>一盆花。

墙上挂<u>着</u>一张世界地图。

外面下<u>着</u>大雨。

门口站<u>着</u>两个孩子。

【初 110-4】持续态

形式：动词₁ + 着 +（宾语 + ）动词₂ +（宾语）

意义：表示伴随进行。

用法：前一个动作行为是后一个动作行为的方式。参见【初 250-2】表示行
为方式。

例句：

同学们坐着上课。

他经常追着老师问问题。

【初 111-1】完成态

形式：动词 + 了₁ + 时量 + 宾语

意义：表示动作行为持续到某一时点结束。

用法：动词的宾语放在时量的后面。语境清晰的条件下，宾语常常不说。参
见【初 096-2】时量补语。

例句：

他写了一会儿作业。

A：作业写完了吗?

B：写了一会儿，还没写完。

【初 111-2】完成态

形式：动词 + 了₁ + 动量 + 宾语

意义：表示动作行为达到某一数量后结束。

用法：动词的宾语放在动量的后面。语境清晰的条件下，宾语常常不说。参
见【初 097-1】动量补语。

例句：

他敲了两下门，可是没人应。

他敲了两下，可是没人应。

【初 111-3】完成态

形式：动词＋了₁＋宾语（数量＋名词）

意义：表示动作行为涉及的对象达到某一数量后结束。

用法：充当宾语的名词在语境清晰的条件下可以省略，只留下数量词。

例句：

他买了三本书。

他买了三本。

【初 111-4】完成态

形式：动词（持续）＋结果补语＋了₁＋宾语

意义：表示动作行为引起的结果在某一时点实现。

用法：宾语所指的对象也经常作为话题，充当主语，说成"主语（受事）＋
动词＋结果补语＋了₁"。参见【初 107-1】被动。

例句：

他哭红了眼睛。

眼睛都哭红了。

我买到了足球票。

足球票买到了。

【初 111-5】完成态

形式：动词（非持续）＋了₁（＋宾语）

意义：动作行为本身带来的结果已经实现。

用法：动词不能持续。注意与【初 111-4】对比。

例句：

房子塌了。

小猫死了。

我忘了买菜。

【初 111-6】完成态

形式： 动词$_1$＋了$_1$＋宾语＋动词$_2$（词组）

意义： 强调前面的事情结束后再做后一件事情。

用法： 不单独说"动词＋了$_1$＋宾语"，要有后续的小句。

例句：

吃了饭再写作业。

他下了班就回家。

【初 111-7】完成态

形式： 动词$_1$＋宾语＋动词$_2$＋了$_1$＋宾语

意义： 两件事情一前一后，后一件事情是目的，强调目的已经实现。

用法： 动态助词"了$_1$"一般放在后一个动词后。

例句：

我去图书馆借了两本书。

他打电话叫了一份外卖。

【初 112】经验态

形式： 动词＋过＋（宾语）

意义： 表示说话人把过去的经历作为某种经验引入当前的表达。

用法： 用"过"的句子前后往往有别的句子。

例句：

他去过中国，喜欢中国。

孩子们，你们都吃过苹果吧，这就是苹果树。

老人家一辈子没去过北京，要是能去一次，该有多好！

【初 113】起始态

形式： 动词＋起＋宾语

意义： 强调动作行为开始。

用法：往往与"了₁"搭配使用。"了₁"要放在"起"的后面。

例句：

听着熟悉的歌声，我不知不觉跳起了舞。

玛丽打开了PPT，给同学们讲起了家乡的故事。

刚打了几声雷，就下起了雨。

12.　动词的重叠

　　动词的重叠形式和音节数量有关，单音节动词A的重叠形式是AA，单音节动词重叠后第二个音节读轻声；双音节动词AB的重叠形式是ABAB，双音节动词后一个音节读轻声。动词重叠也是动作行为量的一种表现手段，用来表示动作行为的时量或动量。

【初114-1】动词重叠

形式：AA/ABAB/AAB

意义：表示动作行为的时量短或动量小。

用法：单音节动词可以重叠为"AA"，双音节动词可以重叠为"ABAB"，离合词的重叠形式是"AAB"；用来强调轻松、随意地做一件事，也用来强调想尝试某事；用在祈使句中，表示礼貌地建议或客气地要求别人做某事。

例句：

他平时喜欢听听音乐、写写古诗。

每天清晨，很多人来到湖边，唱唱歌、跳跳舞、打打球、散散步。

世界这么大，我想去看看。

我特别想写写他的故事。

快来<u>休息休息</u>！

大家<u>想想</u>，是不是这样？

【初114-2】动词重叠

形式：AABB

意义：表示短时动作行为交替、反复进行。

用法：多为单音节动词。不用否定形式。

例句：

孩子们在操场上<u>跑跑跳跳</u>。

现在生活好了，应该去外面<u>走走看看</u>。

一路上<u>停停走走</u>，花了半个多月才到。

他一边听，一边在纸上<u>写写画画</u>，做着笔记。

他在电脑前<u>敲敲打打</u>，不知道在忙什么。

13. 动词的修饰与限定

　　在日常生活中，人们不仅要表达做什么，还要表达诸如什么时候做、在哪儿做、怎么做等意思。这时，就需要对动词进行修饰、限定。动词的修饰语在动词的前边。动词可以带一个修饰语，也可以带若干修饰语。如果带<u>不</u>止一个修饰语的话，要注意修饰语组合的顺序。

【初115-1】动词单项修饰语

形式：处所词（词组）+ 动词（词组）

意义：表示某事发生的地方。

用法：处所词（词组）在动词前。处所词（词组）后面不用"地"。

例句：

A：咱们<u>在哪儿</u>见面？

B：咱们<u>公园门口</u>见。

A：请问办公室在哪儿？

B：请跟我来，<u>这边走</u>。

【初 115-2】动词单项修饰语

形式：时间词（词组）＋动词（词组）

意义：表示某事在某一时点或时段发生。

用法：时间词（词组）在动词前。时间词（词组）后不用"地"。

例句：

A：飞机<u>什么时候</u>到？

B：<u>下午三点</u>到。

A：<u>周末</u>去爬山吧！

B：对不起，我<u>这几天</u>得准备考试。

【初 115-3】动词单项修饰语

形式：副词＋动词（词组）

意义：在范围、时间、频率、处所、语气、否定等方面限定动作行为。

用法：副词在动词前。副词后不用"地"。

例句：

爸爸妈妈<u>都</u>同意。

你学过汉语，我<u>也</u>学过汉语。

老师今天<u>只</u>讲了语法。

我们班<u>一共</u>18人。

张老师<u>已经</u>下课了。

我<u>有时</u>跑跑步，有时打打球。

我<u>经常</u>去图书馆学习。

那个公园漂亮极了，<u>到处</u>开着花。

这个汉字我<u>也许</u>写错了。

我<u>不</u>去看电影。

【初 115-4】动词单项修饰语

形式：程度副词＋动词（词组）

意义：表示某一心理或状态的程度。

用法：动词主要为心理动词，常见的有：想、爱、喜欢、讨厌、希望等。
　　　　"很、非常、特别"还常放在"有＋名词"前表示程度，"有＋名词"
　　　　是惯用组合，常见的有：有钱、有道理、有知识、有礼貌、有能力、
　　　　有水平、有影响等。

例句：

A：你为什么学习汉语吗？

B：因为我非常喜欢汉语。

A：你看过这本书吗？

B：当然，这本书很有影响。

【初 115-5】动词单项修饰语

形式：形容词（词组）＋（地＋）动词（词组）

意义：表示对动作行为的方式、状态进行描写。

用法：单音节形容词直接充当描写性修饰语时，不能用"地"；双音节形容
　　　　词直接充当描写性修饰语时后面一般要用"地"。形容词直接做状语
　　　　时搭配受到限制，但形容词重叠形式做状语是自由的。注意：形容词
　　　　词组在意义上经常指向主语。

例句：

要迟到了，快走！

你少说两句！

他激动地哭了。

他慢慢地跑了几圈。

春节就要到了，大家高高兴兴地贴春联，迎新年。

【初 115-6】动词单项修饰语

形式：代词＋动词（词组）

意义：指代动作行为的方式、时间、处所。

用法：代词做动词修饰语时不用"地"。

例句：

这个字<u>怎么</u>读？

图书馆<u>这会儿</u>开门了。

这本书<u>哪儿</u>买的？

【初 115-7】动词单项修饰语

形式：介词词组＋动词（词组）

意义：表示与动作行为相关的语义角色。

用法：介词词组在动词前。介词词组后不用"地"。

例句：

我<u>在学校附近</u>住。

暑假<u>从下周一</u>开始。

张老师<u>给我们</u>上汉语课。

【初 116-1】动词两项修饰语

形式：时间修饰语＋其他修饰语＋动词（词组）

意义：表示从时间和处所、对象、方式、状态、范围等角度限定、修饰动作行为。

用法：时间修饰语在前，其他修饰语在后。如果两个修饰语都和时间有关，时间词在前，时间副词在后。

例句：

我<u>今天</u><u>在家</u>休息。

王老师<u>已经</u><u>在办公室</u>等你了。

我<u>昨天</u><u>跟他</u>见了一面。

我<u>马上</u><u>给你</u>打电话。

他昨天激动地哭了。

他已经慢慢地跑了三圈。

生活在不停地变化。

同学们明天都去博物馆。

我三年前也学过汉语。

李华去年就毕业了。

王明周末常常打球。

【初 116-2】动词两项修饰语

形式：……，也 + 范围副词 + 动词（词组）

意义：表示范围副词限定的对象与参照的对象类同。

用法：用于后续句。在语境清晰的情况下，前面的句子往往隐含不说。

例句：

我喜欢汉语，妹妹和弟弟也都喜欢汉语。

不仅孩子们感兴趣，我们也都觉得有意思。

A：你去过长城吗？

B：只去过一次。

A：我也只去过一次。

【初 116-3】动词两项修饰语

形式：也 + 时间副词 / 频率副词 + 动词（词组）

意义：表示动作行为与参照的对象在时间或频率上类同。

用法：用于后续句。在语境清晰的情况下，前面的句子往往隐含不说。

例句：

时代在变，生活也在变。

这几个字你也再写一遍。

李明常常去图书馆，我也常常去图书馆。

【初 116-4】动词两项修饰语

形式：副词＋不／没＋动词（词组）

意义：表示用副词对否定的动作行为加以某种限定。

用法：副词限定的不是"不"和"没"，而是"不／没＋动词（词组）"。

例句：

你不去，我也不去。

这些字我都不认识。

爸爸一直不同意我的想法。

他又没吃早饭。

A：这首歌怎么样？

B：我还没听呢！

A：等等我！

B：快点儿！再不走要迟到了。

【初 116-5】动词两项修饰语

形式：不／没＋副词＋动词（词组）

意义：表示用"不／没"对特定副词加以某种限定。

用法："不"和"没"限定的不是动词（词组），而是副词。常用的有"不都""没都""不只""不经常（不常）""不再""没再"等。

例句：

A：你们几个都喜欢踢足球吧？

B：我们不都喜欢踢足球，李华喜欢打篮球。

A：都记下来了吗？

B：你说得太快了，没都记下来。

A：你怎么这么喜欢民歌？

B：民歌<u>不只</u>是歌词和旋律，它唱的是人们的生活。

A：怎么最近没看见老李？

B：他最近身体不好，<u>不经常</u>出门。

毕业以后，我们<u>没再</u>见面。

他闭上眼睛，<u>不再</u>说话，一会儿就睡着了。

【初 116-6】动词两项修饰语

形式： 副词 + 会 + 动词（词组）

意义： 表示用副词对动作行为实现的可能性进行限定。

用法： 常见的组合有"也许会""大概会""一定会""还会""又会""就会"等。否定形式是"不会"。需要注意的是，"常常""一直"可以在"会"前，也可以在"会"后，意思有细微差别。

例句：

明天<u>也许会</u>下雨。

我们<u>一定会</u>战胜困难。

气温<u>还会</u>降低。

每当太阳升起，我的心里<u>又会</u>充满力量。

只要坚持下去，<u>就会</u>成功。

我<u>会一直</u>陪着你。

这种讨论<u>一直会</u>进行下去。

这个字<u>常常会</u>读错。

这里的冬天<u>会常常</u>下雨。

【初 116-7】动词两项修饰语

形式：副词＋能＋动词（词组）

意义：表示用副词对"能＋动词（词组）"的意义进行限定。

用法：常见的组合有"也能""又能""还能""一定能""不能""没能"等。

例句：

他<u>又能</u>打球了。

你能去，我<u>也能</u>去。

她虽然 70 多岁了，<u>还能</u>唱，<u>还能</u>跳。

我们<u>一定能</u>获得胜利。

教室里<u>不能</u>吸烟。

他一个多月<u>没能</u>回家。

【初 116-8】动词两项修饰语

形式：应该＋副词＋动词（词组）

意义：先用副词对动作行为进行限定，然后用"应该"表达情理上的必要性。

用法：否定形式是"不应该"。

例句：

现在已经两点了，飞机<u>应该已经</u>到了。

你<u>应该再</u>练习两遍。

这个故事大家<u>应该都</u>听过。

打架这样的事情<u>不应该再</u>发生。

【初 116-9】动词两项修饰语

形式：副词＋形容词（词组）＋动词（词组）

意义：先用形容词（词组）对动作行为的方式、状态进行描写，然后用副词进一步加以限定。

用法：形容词多指向主语。

例句：

大家都<u>高高兴兴地去</u>放风筝。

他一直<u>紧张地看</u>着比赛。

这盆花竟然<u>慢慢地开</u>了。

【初 116-10】动词两项修饰语

形式： 副词＋介词词组＋动词（词组）

意义： 在介词词组限定动作行为的基础上，用副词进一步加以限定。

用法： 副词的限定有时指向动作行为，有时指向介词引入的对象。注意：如果是心理动词，"不"要放在动词前。

例句：

张老师<u>正在办公室等</u>你呢。

我<u>又给王明打</u>了一个电话。

王明<u>可能跟朋友打球</u>去了。

他<u>没把这件事告诉</u>妈妈。

你<u>没对我说</u>实话。

<u>不把这个问题想清楚</u>，我睡不着觉。

我今天有事，<u>不在家吃饭</u>。

我<u>对李华不了解</u>。

【初 116-11】动词两项修饰语

形式： 形容词（词组）＋介词词组＋动词（词组）

意义： 形容词（词组）描写动作行为的方式、状态，介词词组限定动作行为。

用法： 形容词（词组）和介词词组往往可以互换位置。不过，如果形容词（词组）在意思上指向主语，那么形容词（词组）多在介词词组前。

例句：

我<u>真诚地向同桌道</u>了歉。

小朋友们<u>高高兴兴地在操场上踢球</u>。

他非常热情地给我们介绍了自己的家乡。

同学们在教室热烈地讨论着问题。

她流利地用汉语回答了这个问题。

【初 116-12】动词两项修饰语

形式： 介词词组₁ + 介词词组₂ + 动词词组

意义： 两个介词词组分别限定动作行为。

用法： 两个介词词组常常可以互换位置。

例句：

我跟王明在咖啡馆喝了一杯咖啡。

我在咖啡馆跟王明喝了一杯咖啡。

他用粉笔在黑板上写了几个字。

他在黑板上用粉笔写了几个字。

我把书给你送过去。

我给你把书送过去。

【初 117-1】动词三项修饰语

形式： 时间的修饰语 + 其他两项修饰语 + 动词（词组）

意义： 从不同的角度修饰、限定动作行为。

用法： 表示时间的修饰语在前。时间修饰语由时间词、时间副词和频率副词
充当。如果同时使用时间词和时间副词或频率副词，时间词在前。"其
他两项修饰语"参见【初 116】动词两项修饰语。

例句：

李华去年就从大学毕业了。

我经常跟王明在咖啡馆喝咖啡。

我马上把书给你送过去。

他昨天没对我说实话。

我周末当然在家休息。

【初 117–2】动词三项修饰语

形式：语气修饰语 + 其他两项修饰语 + 动词（词组）

意义：先对动作行为进行限定或描写，然后表达说话人的语气态度。

用法：表示语气的成分在前。常常用来表示语气的成分有"果然、竟然、当
然、恐怕、难道、偏偏"等语气副词。"其他两项修饰语"参见【初
116】动词两项修饰语。

例句：

他果然又给孩子们准备了水果。

他竟然已经慢慢地跑了三圈。

他恐怕没把这件事告诉妈妈。

这些字你难道都不认识吗？

我偏偏不跟他说话。

第八章　形容词与句子的表达

1. 形容词与程度的表达

形容词表示人或事物的属性，属性有不同的程度。在汉语中，形容词的属性程度由程度副词来表达。根据程度的差异，可以把形容词的属性程度分为低程度、中等程度、高程度、极高程度、最高程度、过度程度几个等级。

【初 118】低程度的表达

形式： 有点儿 + 形容词

意义： 表示某种性质程度不高。

用法： 常做谓语，多用来表示不如意的事情。注意：如果是积极意义的形容词，要用否定形式。

例句：

我有点儿累。

他有点儿生气。

他今天有点儿不高兴。

我心中有点儿不踏实。

【初 119】中等程度的表达

形式： 比较 + 形容词

意义： 表示某种性质具有一定的程度。

用法： "比较 + 形容词"可以做谓语、补语、定语和状语。注意："比较 + 形容词"没有否定形式。

例句：

今天<u>比较</u>热。

表演结束得<u>比较</u>晚。

那是一件<u>比较</u>困难的事情。

夜跑<u>比较</u>容易影响睡眠。

【初 120 】高程度的表达

形式： 很＋形容词

意义： 表示某种性质程度高。

用法： "很＋形容词"经常做谓语、补语、定语和状语，做定语和状语时一般分别加"的"和"地"。注意区别与"很＋形容词"有关的两个否定形式：一种是"很＋不＋形容词"，"不"否定的是形容词；另一个是"不＋很＋形容词"，"不"否定的是"很"。注意："很＋形容词"后面一般不加"了"。

例句：

这棵树<u>很高</u>。

这棵树长得<u>很高</u>。

他是一个<u>很认真</u>的学生。

他<u>很高兴</u>地回答了问题。

这里的交通<u>很不方便</u>。

这门课<u>很不容易</u>。

这个教室<u>不很大</u>。

今天<u>不很热</u>。

【初 121 】极高程度的表达

形式： 非常／特别／十分＋形容词

意义： 表示某种性质程度极高。

用法: "非常 / 特别 / 十分 + 形容词"经常做谓语、补语、定语和状语,做定语和状语时分别加"的"和"地"。注意区别与"非常 / 特别 / 十分 + 形容词"有关的两个否定形式:一个是"非常 / 特别 / 十分 + 不 + 形容词","不"否定的是形容词;另一个是"不是 + 非常 / 特别 / 十分 + 形容词","不是"否定的是"非常 / 特别 / 十分 + 形容词"整个组合。

例句:

这里的交通非常方便。

这个问题讲得特别清楚。

这是一个十分重要的问题。

他非常安静地坐着。

学习态度非常不认真。

他这个人特别不幽默。

他的回答不是非常清楚。

这件事情不是特别容易。

【初 122】最高程度的表达

形式: 最 + 形容词

意义: 表示某一性质的最高程度。

用法: "最 + 形容词"经常做谓语、补语、定语。注意:"最 + 形容词"的否定形式通常是"不是 + 最 + 形容词 + 的"。

例句:

劳动最美丽。

他跑得最快。

那是我最愉快的一天。

这件衣服不是最漂亮的。

他跑得不是最快的。

【初123】过度程度的表达

形式： 太＋形容词

意义： 表示超过了合适的限度。

用法： 主要在感叹句中做谓语或补语，有时候是赞叹，有时候是因为不满而感叹。"太＋形容词"句末经和"了"搭配，组成"太＋形容词＋了"。"太＋形容词＋了"的否定形式有两种，一种是"太＋不＋形容词＋了"，"不"否定的是形容词；另一种是"不＋太＋形容词"，"不"否定的是"太"，句末不用"了"。

例句：

这儿的交通实在<u>太</u>方便<u>了</u>！

你说得<u>太</u>对<u>了</u>！

作文写得<u>太</u>长<u>了</u>！

水果卖得<u>太</u>贵<u>了</u>！

这么说<u>太</u>不礼貌<u>了</u>！

这个工作<u>太</u>不容易<u>了</u>！

这么说<u>不太</u>礼貌！

这个工作<u>不太</u>容易！

2. 形容词与程度的比较

在日常生活中，人们常常需要说明两个对象在某个属性上的程度差异，这是差比。在汉语中，常用"比"字句来表达程度的差异，其基本形式是"A比B＋形容词（词组）"，其中，A为比较主体，充当主语，介词"比"为比较标记，B为参照对象，做"比"的宾语，"形容词（词组）"为比较属性。比较主体和参照对象除了是名词（词组）外，还可以是动词词组、主谓词组。有时候，人们还需要说明两个对象在某个属性上相同与否，这是等比，等比的基本形式是"A跟B＋（不）一样＋形容词"。此外，人们有时参照对象B来类比说明对象A的某一性质，比较的意思较弱，这是类比；还有的通过比较来说明程度的增加，这是增比。

【初 124-1】差比

形式： A 比 B+ 形容词

意义： 用来说明两个对象性质的程度不同。

用法： 形容词前不能加"很""非常"等程度副词，也不能加否定副词。

例句：

这棵树比那棵树高。

坐飞机比坐火车快。

早点儿比晚点儿好。

你去比我去合适。

【初 124-2】差比

形式： A 比 B+ 形容词 + 数词 + 名量词

意义： 用来说明两个对象性质差异程度的确切数量。

用法： 注意与【初 124-3】对比，比较的参照对象一般不省略，否则可能造成歧义。

例句：

这棵树比那棵树高三米。

这本书比那本书多 30 页。

【初 124-3】差比

形式： A 比 B+ 形容词 + 一些 / 一点儿

意义： 用来说明两个对象性质的程度差异偏小。

用法： 在语境清晰的情况下，比较的参照对象可以省略。注意，形容词前不能加"很""非常"等程度副词，也不能加否定副词。

例句：

这棵树比那棵树高一些。

这棵树高一些。

他的汉语比我好一点儿。

他的汉语好一点儿。

【初 124-4】差比

形　式：A 比 B+ 形容词 + 多了

意　义：用来说明两个对象性质的程度差异偏大。

用　法：在语境清晰的情况下，比较的参照对象可以省略。注意：形容词前不
　　　　　能用程度副词，也不能加否定副词。

例句：

这棵树比那棵树高多了。

这棵树高多了。

【初 124-5】差比

形　式：A 没（有）B+ 形容词

意　义：用来说明 A 没有达到 B 的程度。

用　法：与【初 124-6】相比，强调的是 A 和 B 程度差异大，意思是"A 不及 B"。

例句：

这棵树没有那棵树高。

今天没有昨天热。

【初 124-6】差比

形　式：A 不比 B+ 形容词

意　义：用来说明 A 和 B 的程度"差不多"。

用　法："A 不比 B + 形容词"不是"A 比 B + 形容词"的否定形式，它是对说
　　　　　话人看法的否定，强调的是 A 和 B 程度差异小。比如，"A 不比 B 高"

意思就是"A 和 B 差不多高",含有说话人比较结果不当的意思。注意:"不"不能放在形容词前。

例句:

这棵树不比那棵树高。

今天不比昨天热。

【初 125-1】等比

形式: A 跟 B+(不)一样

意义: 用来说明两个对象性质程度相同或不同。

用法: 用介词"跟"引入比较的参照对象,也可以把"A 跟 B"概括起来说。

例句:

我的想法跟你一样。

今天的天气跟昨天一样。

我的想法跟你不一样。

今天的天气跟昨天不一样。

我们的想法不一样。

这两天天气不一样。

【初 125-2】等比

形式: A 跟 B+一样+形容词

意义: 用来具体说明两个对象哪方面性质程度相同。

用法: "一样+形容词"前不能加"不"来否定。如果要表达否定,可以先说两者不一样,再补充说怎么不一样。

例句:

今天跟昨天一样热。

打篮球和踢足球一样有趣。

今天跟昨天不一样,今天比昨天热。

【初 125-3】等比

形式：A + 动词 + 得 + 跟 B + 一样 + 形容词

意义：用来说明两个对象在做某事时相关性质的程度相同。

用法：如果动词后面有宾语，动词要重复一次。前一个动词经常省略。

他<u>说得跟中国人一样好</u>。

他<u>说汉语说得跟中国人一样好</u>。

他<u>汉语说得跟中国人一样好</u>。

【初 126-1】类比

形式：A 有 B + 那么 + 形容词

意义：参照对象 B 来类比说明对象 A 的某一性质达到某一程度。

用法：参照对象 B 的程度在认知上更为熟悉、更为典型。

例句：

<u>孩子有爸爸那么高</u>了。

<u>他有豹子那么快</u>。

【初 126-2】类比

形式：A + 动词 + 得 + 有 B + 那么 + 形容词

意义：参照对象 B 来类比说明对象 A 在做某事时某一性质达到某一程度。

用法：参照对象 B 的程度在认知上更为熟悉、更为典型。

例句：

<u>孩子长得有爸爸那么高</u>了。

<u>他跑得有豹子那么快</u>。

【初 126-3】类比

形式：A 没（有）B + 那么 + 形容词；A + 动词 + 得 + 没（有）B + 那么 +
　　　形容词

意义：参照对象 B 来类比说明对象 A 的某一性质没有达到某一程度。

用法：参照对象 B 的程度在认知上更为熟悉、更为典型。

例句：

孩子没有爸爸那么高。

他跑得没有豹子那么快。

【初 127】增比

形式：A＋（比 B＋）更＋形容词

意义：用来说明性质的程度在原有基础上有所增加。

用法："更＋形容词"做谓语时，在语境清晰的情况下，比较项可用可不用。

　　　"更＋形容词"做补语、定语、状语时不用比较项。

例句：

今年比去年更热。

今年更热。

坐高铁比坐飞机更方便。

坐高铁更方便。

他说得更高兴了。

他想到了一个更好的办法。

冬天更容易感冒。

3. 形容词与态的表达

在汉语中，形容词跟动词一样，可以做谓语。形容词也可以使用动态助词、时间副词、部分趋向补语这些语法手段，来表示属性的变化状态。

【初 128】经验态

形式：形容词＋过

意义：表示说话人把过去经历的某一性状作为某种经验引入当前的表达。

用法：往往有后续的句子。

例句：

穷过富过，幸福过悲伤过，成功过也失败过，这就是他的一生。

他从来没这么粗心过，今天是怎么了？

【初 129-1】持续态

形式：形容词 + 着

意义：表示某一性状在一段时间内持续。

用法：形容词前不能加"在""正""正在"。

例句：

夜深了，办公室的灯还亮着。

周末在家也没闲着。

【初 129-2】持续态

形式：形容词 + 着 + 动词

意义：表示状态与动作行为是同时的。

用法：强调动作行为实施的同时，对象保持某种状态。

例句：

这盆花斜着放。

螃蟹横着走。

【初 130】开始态

形式：形容词 + 起来

意义：表示某性状从某一时间开始。

用法：预设以前不是这样，强调从某个时间开始发生新的变化。"形容词 + 起来"后经常有"了$_2$"。

例句：

就业好了，人们的生活一天天好起来了。

假期结束了，又要忙起来了。

进入高中后，学习紧张起来了。

4. 形容词与量的表达

性质的程度一般用程度副词来表达，不过，有些性质的程度也可以用数量词来表达。形容词后面还可以加上时量词组，表示某一属性持续的时间。

【初131】形容词的数量表达

形式： 数词 + 名量词 + 形容词

意义： 具体说明某一对象本身的程度量。

用法： 也可以说成"形容词 + 数词 + 名量词"。

例句：

这条鱼三斤重。

这本书 300 页厚。

这条鱼重三斤。

这本书厚 300 页。

【初132】形容词的时量表达

形式： 形容词 + 时段

意义： 表示某一性状持续的时间。

用法： 形容词后常加"了₁"或"过"，不能加"着"。

例句：

他努力了一辈子。

这个冬天就冷了几天。

年轻时，他也红过一段时间。

5. 形容词的重叠形式

　　单音节形容词的重叠形式是 AA，双音节形容词的重叠形式是 AABB。形容词重叠以后，主要用来描写，不受程度副词修饰，不用于比较，不受"不"的限定。

【初 133-1】形容词的重叠

形式：主语＋AA 的 /AABB 的

意义：用来描写主语的状态。

用法：必须用"的"。

例句：

天空<u>蓝蓝</u>的，河水<u>清清</u>的。

头发<u>整整齐齐</u>的。

【初 133-2】形容词的重叠

形式：主语＋动词＋得＋AA 的 /AABB（的）

意义：用来描写所指对象的状态。

用法："AABB 的"可以省略"的"，其他重叠形式中"的"不能省略。

例句：

风筝飞得<u>高高</u>的。

她把衣服洗得<u>干干净净</u>（的）。

【初 133-3】形容词的重叠

形式：主语＋AA 地 /AABB 地＋动词（词组）

意义：用来描写所指对象的状态。

用法：一般都带"地"。注意：重叠形式中"de"要写成"地"。

例句：

他慢慢地站了起来。

我热热地喝了一杯牛奶。

大家高高兴兴地去吃饭。

【初 133-4】形容词的重叠

形式： AA 的 /AABB 的 + 名词

意义： 用来描写修饰对象的状态。

用法： 必须带 "的"。

例句：

天上飘着几朵白白的云。

他能说一口地地道道的汉语。

6. 性质的否定

如果要对某种属性加以否定，有时用 "不"，有时用 "没（有）"，两种否定手段的意思不一样。形容词的重叠形式没有否定形式。

【初 134-1】性质的否定

形式： 不 + 形容词

意义： 否定某种性质。

用法： 形容词前可以加程度副词 "很" "太"。

例句：

汉语不难。

今天天气不很热。

我不太累。

【初 134-2】性质的否定

形式： 没（有）+ 形容词

意义： 否定性质出现新变化。

用法： "没有" 否定的形容词不能带 "了"，可带 "过"。不能用于将来。"没 +
形容词" 对应的肯定形式是 "形容词 + 了"。"形容词 + 了" 用作结
果补语，其否定形式是 "没（有）+ 动词 + 形容词"。

例句：

衣服才凉了一个小时，还没干。

米饭没熟，再等一等。

她从来没胖过。

衣服没洗干净。

都十二点了，菜还没做好。

第九章　区别词与句子的表达

1. 区别词与类别的区分

区别词表示一种分类标准，往往是成对或成组的。区别词不能单独使用，直接放在名词前，和被限定的名词结合成一个整体充当句子成分。

【初135-1】区别词做定语

形式： 单音节区别词＋名词

意义： 用来区别人或事物的类别。

用法： 区别词和名词之间不用"的"。

例句：

男厕所在左边，女厕所在右边。

她买了一条粉裙子。

【初135-2】区别词做定语

形式： 双（多）音节区别词＋（的＋）名词

意义： 用来区别人或事物的类别。

用法： 双音节或多音节区别词和名词组合时一般不加"的"，有时也可加
　　　　 "的"。

例句：

办公室放着一张双人沙发。

我买了一台多功能（的）打印机。

2. 区别词与类别的指称

"区别词＋的"相当于一个名词，人们常常用"区别词＋的"来指称事物的类别。如果需要排除某一类对象，可以用"非＋区别词"表达。

【初 136】区别词指称类别

形式： 区别词＋的

意义： 用来指称人或事物的类别。

用法： 在句子中做主语和宾语。

例句：

不能偏食，荤的、素的都要吃。

彩虹为什么是彩色的?

【初 137】区别词排除类别

形式： 非＋区别词

意义： 用来突出人或事物类别上非此即彼的对立性。

用法： "非＋区别词"仍然具有区别词的性质，主要做定语。

例句：

在这部电影中，他是非主要人物，却获得了观众的喜爱。

民用天然气价格不变，但非民用天然气价格上涨了。

第十章 代词与句子的表达

1. 人称代词与代称的表达

汉语的人称代词有单数、复数的区别，"你、我、他"是单数形式，"你们、我们、咱们、他们"是复数形式，有的人称代词本身就表示复数，如"大家"。汉语的人称代词没有性的区别，"他"指男性，"她"指女性，这一差别只体现在书面中，口语中都是"tā"。人称代词主要用来代称或回指，语法功能和名词类似，主要做主语、宾语和定语。

【初 138-1】个体的代称

形式："我 / 你 / 他（她）"做主语、宾语

意义："我"是第一人称，用来代称说话人自己；"你"是第二人称，用来代称听话人；"他（她）"是第三人称，用来代称第三方。

用法：在一些固定的表达格式中，"我""你""他（她）"不代称具体的对象，而是指某一个人，这个用法中的"tā"都写作"他"。

例句：

你好！

我叫刘安，他叫李明。

老师很关心我。

我比他高。

同学们你看看我，我看看你，都不说话。

大家<u>你</u>一句<u>我</u>一句，讨论得很热烈。

<u>你</u>唱两句，<u>他</u>唱两句，<u>我</u>唱两句，大家唱得都很高兴。

【初 138-2】个体的代称

形式："我 / 你 / 他（她）"做定语

意　义：用来表达人或事物的领属。

用　法："我、你、他（她）"后面一般要加"的"。在口语中，如果名词是表
示亲属或亲密关系的人的名词，可以不用"的"。参见【初 014-1】-
【初 014-2】代词做定语表领属。

例句：

<u>你的</u>朋友很幽默。

<u>他的</u>包里有一本书。

家乡有<u>我的</u>童年，<u>我的</u>记忆，<u>我的</u>梦想！

她是<u>我</u>姐。

<u>他</u>父亲 60 岁了。

我是<u>他</u>同学。

【初 138-3】个体的尊称

形式：您

意　义：用来表示对听话人的尊敬。

用　法：口语中不说"您们"，如果听话人不止一人，常在"您"后加数量词
组。

例句：

感谢<u>您</u>，老师！

<u>您</u>几位请坐！

【初 139-1】群体的代称

形式：我们／咱们／你们／他们（她们）

意义：用来代称包括"我、你、他（她）"在内的一群人。

用法："咱们"包括说话人和听话人双方，用于口语。"我们"和"咱们"在同一场合出现时，"我们"不包括听话人一方，"咱们"包括听话人一方。

例句：

我们在一楼上课，你们在二楼上课。

你是留学生，我也是留学生，咱们都是留学生。

他们还在上课。

我们先出发，咱们公园门口见。

【初 139-2】群体的代称

形式：人称代词复数形式＋数量词组

意义：用来代称若干对象并说明具体数量。

用法：多做主语。数量词组可以省略不说。

例句：

我们（几个）都是四班的学生。

他们（两个）还没下课。

你们（三位）这边坐！

【初 139-3】群体的代称

形式：人称代词复数形式＋身份名词

意义：用来代称若干对象并说明对象的身份。

用法：多做主语。虽然是复数形式，但有时实际上只指一个对象。

例句：

要给孩子一杯水，我们老师要有一桶水。

你们记者工作一定很忙吧？

【初 139-4】群体的代称

形式： 人名（称呼）＋人称代词复数形式

意义： 用来指示包括该成员在内的群体。

用法： 用群体中的代表成员来指称这个群体，以明确与其他群体区分。

例句：

张老师他们什么时候出发？

李明他们买吃的，张华他们买喝的。

【初 140-1】总括性代称

形式： 大家（没有相对对象）

意义： 用来代称包括说话人在内的一个群体里的所有对象。

用法： 代称的立足点是说话人。有时，"大家"前可以加上"我们、咱们"。

例句：

这是大家的事，大家要一起想办法。

李白是我们大家都喜欢的诗人。

【初 140-2】总括性代称

形式： 大家（有相对对象）

意义： 用来代称相对对象以外群体里的所有对象。

用法： 代称的立足点是上下文中和群体相对的对象。

例句：

你通知大家，明天 8 点考试。

新同学热情地向大家问好。

【初 141-1】自身的代称

形式： 自己（回指）

意义： 用来回指已经出现的对象。

用法： "回指"的对象一般在上文中出现，可以是一个对象，也可以是一个群体。"自己"主要用作主语、宾语、定语。注意：这里的"自己"不能用名词或其他人称代词替代。

例句：

有的<u>爸爸</u>，<u>自己</u>还是个孩子。

<u>他</u>才 10 岁，还不会照顾<u>自己</u>。

<u>学生</u>要保护好<u>自己</u>的眼睛。

【初 141-2】自身的代称

形式： 自己（泛指）

意义： 没有明确的回指对象。

用法： 与【初 141-1】相对，上文语境中没有明确的所指对象，用来泛指某一对象。

例句：

<u>自己</u>的事<u>自己</u>做。

每天做一件让<u>自己</u>高兴的事。

【初 141-3】自身的代称

形式： 自己 + 动词（词组）

意义： 强调动作行为是自身发出的。

用法： "自己"用作状语。"自己"前往往有"回指"的对象。

例句：

<u>他</u>虽然 70 多了，可是能<u>自己</u>做饭就<u>自己</u>做，能<u>自己</u>洗衣服就<u>自己</u>洗。

【初 141-4】自身的代称

形式： 人称代词 / 名词 + 自己

意义： 强调不是别的对象，而是所指对象自身。

用法： "自己"用作同位语。"自己"前可以是一个个体，也可以是一个群体。

注意："自己"可以不用，但不用"自己"后没有了强调自身的意思。

例句：

他自己从小就爱好音乐。

认识你自己。

年轻人有他们自己的生活。

这些图都是张老师自己画的。

学生自己也会学习。

【初 142】别人的代称

形式： 别人

意义： 用来代称某一或某些对象以外的对象。

用法： 可以指一个个体，也可以指一个群体。使用"别人"时，上下文常有"你（们）、我（们）、他（们）/她（们）"或"自己"和它相对。

例句：

别人能做到，你也能做到。

张校长帮助了我们，我们也要帮助别人。

老人们有的向左转，有的向右转，看到别人和自己不同，都笑了起来。

不断提升自己，才能更好地帮助别人。

【初 143】事物的代称

形式： 它（们）

意义： "它"代称已经提到的事物，"它们"是"它"的复数形式。

用法： "它"代称的对象一般出现在上文中。口语中"它"和"他""她"一样，都是"tā"。在书面语中写作"它"。

例句：

我喜欢这首歌，它听起来十分优美。

选择一本好书，认真把它读完。

每个词都有它自己的意思。

如果让两个机器人对话，它们能知道自己在说什么吗？

2. 指示代词与指代的表达

"这"和"那"是基本的指示代词，其他指示代词的构成以"这""那"为基础，如"这会儿、那会儿""这里、那里""这么、那么"等。指示代词主要用来指称，也有替代作用。有的指示代词是名词性的，有的指示代词是谓词性的。

【初 144-1】指别人或事物

形式： 这／那＋（量词＋）名词

意义： "这＋（量词＋）名词"指别某个比较近的人或事物，"那＋（量词＋）名词"指别某个比较远的人或事物。

用法： 口语中量词可以省略。参见【初 015-1】指数词组表指称。

例句：

请问，这（辆）车去动物园吗？

谁认识那（个）孩子？

这（件）事说起来简单，做起来难。

你用这（笔）钱去买几件衣服。

【初 144-2】指别人或事物

形式： 这／那＋数量词＋名词

意义： 指别若干特定的人或事物。

用法： 在上下文所指对象明确的情况下，名词可以省略。参见【初 015-2】指数词组表指称。

例句：

你应该看看这几本书。

你应该看看这几本。

那三位医生都很年轻。

那三位都很年轻。

【初 145-1】代称人或事物

形式："这 / 那"单用做主语

意义：一般用来代称事物，也可用来指人。

用法："这 / 那"可以代替名词或名词性词语，也可以复指前文。

例句：

这是王明，那是李华。

那是我的新同学。

我买了两个包，这是给明明的，那是给丽丽的。

工作不专心，这很容易出错。

你们能来，那太好了！

【初 145-2】代称人或事物

形式："这 / 那"单用做宾语

意义：用来代称事物。

用法："这 / 那"做宾语时，不能用来代称人。

例句：

小孩子就喜欢问这问那。

每天做题，做题，学这有什么用？

【初 146-1】代称处所

形式："这里（这儿）/ 那里（那儿）"做主语、宾语

意义："这里（这儿）"用来指代较近的地方，"那里（那儿）"用来指代较远的地方。

用法：功能与处所词基本一致，可以单独做主语、动词宾语、介词宾语，用来代指上文或语境中的处所。"这里""那里"口语中也说成"这儿"与"那儿"。

例句：

你去过中国吗？那里风景优美，人民友好。

我家附近有一个公园，我经常去那里散步。

来到南京后，我在这里认识了很多好朋友。

从这里往前走，前面就是银行。

【初 146-2】代称处所

形式：我（们）/你（们）/他（们）/她（们）+这里（这儿）/那里（那儿）

意义：利用"我（们）、你（们）、他（们）/她（们）"的所在来区别不同的地方。

用法：功能同"这里（这儿）/那里（那儿）"。

例句：

书送我这里吧，他那里太远了。

你那里有没有汉语词典？

【初 146-3】代称处所

形式：这里（这儿）/那里（那儿）+的+名词

意义：用来限定中心语的处所。

用法："这里（这儿）/那里（那儿）"后要用"的"。

例句：

刚到南京，我还不太习惯这里的生活。

他带我去胡同参观，那里的大爷大妈都认识他。

【初 147-1】代称时间

形式：这会儿

意义：用来指眼前的一个时点，相当于"现在"。

用法：经常做状语。

例句：

现在才六点，图书馆这会儿还没开门。

孩子们高兴地玩儿了半天，这会儿都累了。

【初 147-2】代称时间

形式： 时间词语 + 这会儿

意义： 用来指过去或未来与"现在"对应的一个时点。

用法： 经常做状语，可以放在句首。

例句：

他*去年这会儿*正在考大学呢。

*明年这会儿*你早就上大学了。

【初 147-3】代称时间

形式： 那会儿

意义： 一般指以"现在"为参照的某一个过去的时点，相当于"那个时候"。
　　　　 如果有明确的上下文，"那会儿"也可以指未来的某一个时点。

用法： 经常做状语，可以放在句首。

例句：

现在交通很方便，那会儿很多地方没有铁路。

我那会儿才十岁。

等到了春天，花开了，草绿了，那会儿才漂亮呢！

【初 147-4】代称时间

形式： 其他词语 + 那会儿

意义： 用来复指某个过去的时点。

用法： 经常做状语，常常放在句首。

例句：

去年春节那会儿，兰花价格很好。

刚工作那会儿，觉得特别忙。

【初 148】指示方式

形式： 这么 / 那么 + 动词（词组）

意义：用来指示上下文或语境中的某一内容，将其作为动作行为的方式。

用法：常用在动词前做状语。"这么"和"那么"可以相对使用，这时，"这么""那么"没有明确的所指，主要用来强调方式的不同。

例句：

一般人看来，<u>这个想法没一点儿价值</u>，但是爸爸却不<u>这么看</u>。

有时听别人说想成为什么样的作家，我很敬佩，可我不敢<u>那么说</u>。

有一首想念家乡的诗，是<u>这么写</u>的："<u>举头望明月，低头思故乡</u>。"

我经常说，<u>小事也不能马虎</u>。我是<u>这么说</u>的，也是<u>这么做</u>的。

知道不应该<u>那么写</u>，才能知道应该<u>这么写</u>。

【初 149】指示程度

形式：这么／那么＋形容词

意义：用来指示与语境或上下文相对应的程度。

用法："这么／那么＋形容词"经常做定语、谓语或补语。有夸张的意思。

例句：

怎么花了<u>这么多钱</u>？

他打着手势：光是计划书，就<u>这么厚</u>！

那只老鹰飞得<u>那么高那么远</u>！

18 岁前没出过县城，我以为全世界就是<u>那么大</u>！

【初 150】指示数量

形式：这么／那么＋数量词

意义：用来指示数量的多少。

用法：可以是名量词，也可以是动量词。表示数量多或少，有夸张的意味，常常有后续的句子。

例句：

就买到<u>这么五张票</u>，可我们有十个人。

<u>那么几个汉字</u>写了半个小时。

花了<u>那么些</u>时间，才完成了这么点儿工作。

读了<u>那么两三遍</u>，还不太懂什么意思。

【初 151-1】指代性状

形　式："这样 / 那样"单独使用

意　义：用来代替某种动作或情况。

用　法：常做主语、谓语、宾语。口语中多用。

例句：

<u>这样</u>好不好？

<u>那样</u>不行。

学习是<u>这样</u>，工作更是<u>这样</u>。

一个个都哭成<u>那样</u>。

事情就<u>这样</u>吧。

别<u>这样</u>，这里是医院！

【初 151-2】指代性状

形　式：这样 / 那样 + 的 + 名词

意　义：用来指示语境或上下文中与之相关的某一性状。

用　法："这样 / 那样"后要用"的"。

例句：

我没有过父亲<u>那样的</u>经历。

我想成为他<u>那样的</u>医生。

公园里鸟语花香，<u>这样的</u>美景带给人们美的享受。

互联网时代，人们喜欢短视频<u>这样的</u>东西。

3.　疑问代词与疑问的表达

　　疑问代词跟人称代词和指示代词有对应关系，"谁"对应的是人称代词，"哪"对应的是"这、那"，"哪里（哪儿）"对应的是"这里（这儿）、那里（那儿）"，"怎么"对应的是"这么、那么"，"怎么样"对应的是"这样、那样"。"什么"没有对应的人称代词和指示代词，它可以替代名词性的成分，也可以替代谓词性的成分。

【初 152-1】问人

形式："谁"做主语

意义：用来对动作行为的施行者进行提问。

用法：所问的对象没有单数复数的区别。用"谁"提问时，有时候是要求听话人就自身的情况回答，有时候是要求听话人就别人的情况回答。在语境明确的情况下，回答者可以使用针对性的应答形式；如果回答有所强调，往往使用较为完整的回答方式。

例句：

同学们，谁来回答这个问题？

王平，谁还没交作业？

A：谁不同意？

B：我。

A：谁喜欢游泳？

B：我们都喜欢。

【初 152-2】问人

形式："谁"做动词宾语

意义：用来对动作行为的关涉对象进行提问。

用法：回答时常常要和这个动词一起说。

例句：

A：这个问题该问谁？

B：问问刘老师。

【初 152-3】问人

形式："谁"做介词宾语

意义：用来对介词的关涉对象进行提问。

用法：回答时常常和介词一起说。

例句：

A：你和谁去看球赛？

B：和王华去。

【初 152-4】问人

形式："谁"做定语

意义：用来对事物的领属对象进行提问。

用法：回答时要用"的"字词组。

例句：

A：这是谁的自行车？

B：我的。

【初 153-1】问事物

形式："什么"做宾语

意义：用来针对"事物"进行提问。

用法："什么"前可以用"一点儿""一些"，"一"往往省略。

例句：

最近在写什么？

你买什么了？

喝（一）点儿什么？茶还是咖啡？

包里装了（一）些什么？这么沉！

【初 153-2】问事物

形式："什么"做主语

意义：用来对判断对象进行提问。

用法：用于"是"字句。"什么"与"是"的宾语常常可以互换位置。参见
　　　　【初 248-2】表示等同。

例句：

什么是语法？

语法是什么？

什么是大家关心的问题？

大家关心的问题是什么？

【初 154】问属性

形式："什么"做定语

意义：用来对被修饰语的相关信息进行提问。

用法："什么"直接与名词结合，不用"的"。"什么＋名词"可以充当主语、
　　　　宾语、定语和状语。

例句：

什么工作更有意思？

你最近在读什么书？

桌子放在什么地方？

你喜欢什么颜色的苹果？

我们什么时候休息？

【初 155】问选择

形式：哪＋数词＋量词（＋名词）

意义：用来要求听话者从一定范围内指别一个或若干对象。

用法："哪"不单独使用，它要和数量词组合在一起。数词为"一"时经常省略。在明确的语境中，名词也常常省略。"哪＋数词＋量词（＋名词）"可以做主语、宾语、定语，就时间提问时还常做状语。

例句：

哪间教室大？

您要哪本书？

他是哪个国家的留学生？

咱们哪天放假？

【初 156-1】问处所

形式："哪里 / 哪儿"做动词宾语

意义：用来针对相关对象的所在进行提问。

用法：口语中常说"哪儿"。

例句：

您住哪里？

他坐哪里？

花瓶放哪里？

老家在哪里？

【初 156-2】问处所

形式："哪里 / 哪儿"做介词宾语

意义：用来针对动作行为的处所、起点、方向等进行提问。

用法：做"在""从""往"等介词的宾语，组成介宾词组后一般充当状语。"在＋哪里"也可以放在动词后充当补语，"在"往往可以省略，省略后同【初 156-1】。"在＋哪里"还可以在形容词后充当补语，表示某一性质所在，"在"往往不能省略。口语中常说"哪儿"。

例句：

您<u>在哪里</u>住？

您<u>从哪里</u>来？

他准备<u>往哪里</u>搬？

车停<u>（在）哪里</u>？

花摆<u>（在）哪里</u>？

这个字错<u>在哪里</u>？

这本书好<u>在哪里</u>？

【初 156-3】问处所

形　式： "哪里 / 哪儿"做定语

意　义： 用来针对动作行为的处所进行提问。

用　法： "哪里"做定语一般要加"的"，但限定"人"时经常不加"的"，经常说"哪里人"。口语中常说"哪儿"。

例句：

<u>哪里的</u>苹果最好吃？

这是<u>哪里的</u>民歌？

您是<u>哪里人</u>？

【初 156-4】问处所

形　式： "哪里 / 哪儿"做主语

意　义： 用来针对对象存在的处所进行提问。

用　法： 用于存在句。口语中常说"哪儿"。参见【初 074-1】-【初 074-2】存在句。

例句：

<u>哪里</u>有超市？

<u>哪里</u>是图书馆？

【初 157-1】问原因

形式："为什么"做状语

意义：用来对动作行为或性质状态的原因进行提问。

用法：谓语可以是肯定形式，也可以是否定形式。"为什么"也可以放在主
语前，询问的重点往往是整个句子。

例句：

人们<u>为什么</u>要工作？

他的成绩<u>为什么</u>这么好？

这件事<u>为什么</u>会这样？

你<u>为什么</u>不试试？

他<u>为什么</u>不高兴呢？

<u>为什么</u>越来越多的人容易过敏？

<u>为什么</u>大家都喜欢读这本书？

【初 157-2】问原因

形式：怎么 + 动词（词组）

意义：用来对动作行为的原因进行提问，兼表出乎意料的语气。

用法：重音在动词（词组）上。动词（词组）可以是肯定形式，也可以是否
定形式。"怎么"也可以放在主语前，询问的重点往往是整个句子。

例句：

别人都想留下来，你<u>怎么</u>要回去？

他<u>怎么</u>不等等我？

<u>怎么</u>没一起回来？

<u>怎么</u>你一个人来了？

妈妈普通话那么标准，<u>怎么</u>你却说不好？

【初 157-3】问原因

形式：怎么 + 这么 / 那么 + 形容词（词组）

意义：用来对性质状态的原因进行提问，兼表感叹的语气。

用法：重音在"这么/那么"上。如果是否定形式，表达形式通常是"怎么
+不/没+形容词"。"怎么"可以放在主语前，询问的重点是整个句
子。

例句：

他怎么这么聪明！

这个西瓜怎么不甜？

奇怪了，她怎么没着急呢？

怎么你的皮肤那么好？

【初158-1】问方式

形式：怎么+动词（词组）

意义：用来对动作行为的方式进行提问。

用法：重音在"怎么"上。动词（词组）是肯定形式。

例句：

这个字怎么读？

粮食是怎么种出来的？

【初158-2】问方式

形式："怎样/怎么样"做状语

意义：用来询问动作行为的方式。

用法："怎样"多用在书面语中，口语中多说"怎么"或"怎么样"。

例句：

怎样经营一个公司？

怎样指导学生阅读？

【初159-1】问情况

形式："怎么"做谓语

意义： 相当于问发生了什么情况。

用法： 句末要用"了"。

例句：

这些花怎么了？

这个世界怎么了？

【初 159-2】问情况

形式： "怎样 / 怎么样"单独做谓语、补语或宾语

意义： 用来询问具体的情况。

用法： "怎样"做宾语主要和"认为""打算""觉得"等动词搭配。如果问情况的变化，后面用"了$_2$"。多用在书面语中，口语中多说"怎么样"。

例句：

生活怎样？

学生们怎样了？

她考得怎样？

问题解决得怎样了？

你认为怎样？

他打算怎样？

现在觉得怎样了？

【初 159-3】问情况

形式： 怎么+（一+）回+事；怎么+（一+）个+名词

意义： "怎么+（一+）回+事"相当于问"发生了什么"；"怎么+（一+）个+名词"相当于问"什么+名词"。

用法： 多用于口语。

例句：

怎么回事？为什么不早点儿到？

这是<u>怎么回事</u>?

老李是<u>怎么一个人</u>?

孩子在学校<u>怎么个情况</u>?

你说你们有经验,<u>怎么个经验</u>?

【初 160 】问性质状态

形式: 怎样 / 怎么样 + 的 + 名词

意义: 用来询问被修饰语的性质、状态。

用法: "怎样(怎么样)"后要用"的"。"怎样(怎么样)+ 的 + 名词"前
常常使用"一 + 量词"。"一 + 量词"还可以放在名词前,这时"的"
字可以省略。

例句:

观众喜欢看<u>怎样的电影</u>?

HSK 发生了<u>怎样的变化</u>?

互联网会带给我们<u>一个怎样的世界</u>?

汉语是<u>一种怎样的语言</u>?

互联网会带给我们<u>怎样一个世界</u>?

汉语是<u>怎样一种语言</u>?

【初 161 】疑问代词的任指

形式: 疑问代词……也 / 都……

意义: 强调所说范围内没有例外。

用法: 疑问代词要重读。疑问代词的组合同各自疑问的用法。否定句里多用
"也",肯定句里多用"都"。

例句:

<u>谁也</u>不认识他。

<u>他什么话也</u>没说。

<u>哪一件也</u>不喜欢。

哪里也没去。

怎么说也不同意。

有梦想谁都了不起！

什么事他都知道。

哪种样式都行。

哪里都一样。

怎么去都可以。

【初 162】疑问代词的虚指

形式：轻读的疑问代词

意义：表示某人、某事物、某时、某地。

用法：用于说话人说不出来、不知道或不需要明确地指称对象的场合。疑问
代词的组合同各自疑问的用法。

例句：

好像谁说过了这件事。

住宾馆很方便，不需要带什么东西。

有什么问题的话，给我打电话。

什么时候到我家来玩儿。

我们去什么地方休息一下吧。

我们好像在哪里见过。

喜欢哪件就试试。

见面前，最好先想想怎么说。

老师教我们怎么发音，怎么写字。

第十一章　副词与句子的表达

1. 范围副词与对象的标举

范围副词用在动词前做状语，用来标举对象的范围。它所标举的对象，有时候在动词前，有时候在动词后。

【初 163-1】总括对象

形式：都 + 动词（词组）/ 形容词（词组）

意义：用来总括，表示全部对象或一个对象的各部分具有相同的动作行为或性质状态。

用法：所总括的对象一般位于"都"的前面，有时充当主语，有时充当"对、把"等介词的宾语。不过，如果问话时由疑问代词指称所总括的对象，疑问代词位于"都"的后面。

例句：

爸爸妈妈都同意。

同学们都去博物馆。

你们都好吗？

大家都很高兴。

他对大家都很关心。

这个问题都想清楚了。

你把那个西瓜都吃了吧。

你都去过哪儿?

老师今天都讲了什么?

【初 163-2】总括对象

形式：全＋动词（词组）/ 形容词（词组）

意义：用来总括，参见【初 163-1】。

用法：常和"都"连用，说成"全都"。

例句：

同学们全（都）来了。

这几道题全（都）做对了。

那几件衣服全（都）干了。

关于怎么喝茶，这篇文章全（都）说清楚了。

小狗把那碗水全（都）喝了。

【初 163-3】总括对象

形式：处所＋到处＋动词（词组）

意义：用来总括一定范围里的每一个地方。

用法："到处"总括的处所位于"到处"前。

例句：

孩子们在草地上到处跑。

公园里到处是鲜花。

【初 163-4】总括对象

形式：一共＋数量词组 / 动词词组

意义：表示合起来计算的全部数量。

用法："一共＋数量词组"的主语是计算的对象，数量词组表示计算的结果；"一共＋动词词组"中，动词词组要包含数量成分，或者表示动作行为涉及对象的全部数量，或者表示动作行为本身的全部数量。

例句：

这本书一共多少页？

我们班一共 18 人。

这些水果一共 50 块。

老师一共讲了 15 个生词。

这篇作文一共修改了三次。

【初 164】分举对象

形式： A（也）……，B 也……

意义： 分举 A、B 两个（或若干）不同对象，后者与前者具有相同或类同情况。

用法： "也"多用于后一小句，有时候前面的小句中也用"也"。在语境清晰的情况下，A 有时隐含不说。

例句：

你学过汉语，我也学过汉语。

英语很重要，汉语也很重要。

衣服（也）洗了，地也扫了。

草（也）绿了，花也开了。

你也是三年级的学生吗？

【初 165-1】限定对象

形式： 只 + 动词词组

意义： 明确限定与动作行为相关的对象，强调动作行为不涉及其他对象。

用法： 所限定的对象位于"只"的后面。"只"限定的对象是多种多样的，可以是动作行为涉及的事物，也可以是动作行为涉及的时间、数量、方式、结果、可能等，还可以是动作行为本身。如果"只"后面的成分不止一项，"只"限定的对象需要依靠语境来辨别。

例句：

老师今天只讲了语法。

大家只休息了半个小时。

我们只见了一面。

每个人只有一次机会。

这件事只能慢慢做。

他只想打好比赛。

这条路只能步行。

他有一个缺点，常常只说不做。

【初 165-2】限定对象

形式： 就＋动词＋宾语

意义： 表示除宾语所指的对象以外，动词没有别的关涉对象。

用法： "就"重读，强调动作行为只适用于宾语所指的对象。动词为"有"
时，口语中常常省略。

例句：

我就买西瓜，不买别的。

他就（有）一个孩子。

【初 165-3】限定对象

形式： 就＋主语＋……

意义： 表示除主语所指的对象以外，没有别的对象。

用法： "就"重读，强调主语与参照对象不一样。

例句：

别人都下班了，就他没走。

为什么就你这么忙？

20 多人考试，就他们两个通过了。

【初 165-4】限定对象

形式： 光＋主语＋（就）……

意义： 用来限定谈论的对象，往往暗示还有别的对象。

用法： "光"所限定的对象可以由名词性成分充当，也可以由谓词性成分充
当。在肯定句中多和"就"搭配使用，在否定句或反问句中，一般不
和"就"搭配使用。

例句：

光我们班就去了 20 个同学。

光讲这些生词就需要半个小时。

光吃水果不行。

光着急有什么用？

【初 166】增补对象

形式： ……，还……

意义： 表示在已有的基础上有所补充。

用法： 只能用在肯定句中。"还"常与"不但、不仅"等搭配使用，参见【初
246-3】"而且"合用；常与"除了"搭配使用，参见【初 195-3】除
了。在语境清晰的条件下，前一个小句常常隐含不说。

例句：

他吃了一个蛋糕，还喝了一杯牛奶。

不能只知道是什么，还应该知道为什么。

这家饭馆服务好，价格还便宜。

他不仅会说汉语，还会说英语。

除了长城，我还去过故宫。

我还有一个问题。

2.　程度副词与程度差别的比较

程度副词主要成员有两类，一类是绝对程度副词，主要成员为：有点儿、比较、很、非常、特别、十分、最、太；另一类是相对程度副词，主要成员为：更。它们主要用来限定形容词的程度。参见：

【初 118】低程度的表达

【初 119】中等程度的表达

【初 120】高程度的表达

【初 121】极高程度的表达

【初 122】最高程度的表达

【初 123】过度程度的表达

【初 127】增比

3.　时间副词与事件状态的刻画

时间副词成员较多，成员个性较强。时间副词做状语，往往用来表示事件的进展状态在时间上的特点：有的用来表示事情已然如此，有的用来表示事情即将发生；有的表示事情是偶然的，有的表示事情是常见的；有的表示事情是重复的，有的表示事情是持续的；有的表示事情发生得快，有的表示事情发生得慢。诸如此类，表义丰富。

【初 167-1】已然

形式：已经 + 动词（词组）+（了 $_{1+2}$）

意义：表示动作行为完成或达成某种结果、达到某个数量。

用法：说话人用"已经"来强调在参照时间之前完成某一动作行为或达到某

种结果、达到某种数量，并且说话人将其作为新情况告诉听话人。参
照的时间可以是过去的某个时间，可以是说话时间，还可以是将来
某个时间。"已经"多与"了"呼应，这里的"了"应该是"了$_{1+2}$"。
如果单用一个单音节动词，动词后一定要带"了"；如果单用双音节
动词，口语中也多用"了"，不过书面语中常省略"了"。动词后常带
表示结果或数量的成分。

例句：

你怎么才来？考试已经开始了。

我们已经准备好了。

他已经工作了三年了。

十年前的今天，你已经出生了。

如果一切顺利，明天三点我们已经到家了。

作业已经交了，请您批改！

列车已经抵达。

【初 167-2】已然

形式： 已经＋形容词（词组）＋了$_{1+2}$

意义： 表示某一性质变化完成。

用法： 强调在某个参照时间之前性质发生变化，并且说话人将其作为新情况
告诉听话人。形容词或形容词词组一般要带"了"，这里的"了"应
该是"了$_{1+2}$"。

例句：

花已经红了。

你的表现已经很棒了！

她已经不生气了。

【初 167-3】已然

形式：已经＋数量＋了₂

意义：表示达到某一数量。

用法：强调在某个参照时间之前达到某一数量，并且说话人将其作为新情况
告诉听话人。"数量"后要带"了₂"，多用来表示时间、年龄、重量、
长度、温度等的变化。

例句：

现在已经 12 点了。

他已经 30 多岁了。

小猪已经 70 公斤了。

今天已经 30 度了。

【初 167-4】已然

形式：曾经＋动词（词组）

意义：表示过去做过某事。

用法："曾经"多用于"回忆"，有强调一个已然事实的作用。"曾经"多与
"过"呼应。判断动词"是"后不能加"过"。心理动词如果带有程度
副词，一般也不加"过"。

例句：

这个世界永远记得：你曾经来过！

小时候，我曾经在山村生活过几年。

他曾经是一个魔术大师，但现在几乎没人认识他。

我曾经很喜欢足球。

【初 167-5】已然

形式：曾经＋形容词（词组）

意义：表示过去有过某种性状。

用法："曾经"多用于"回忆"，有强调某一已然性质状态的作用。形容词后

一般要带"过"。注意：形容词如带有表示程度的修饰语，一般不带
"过"。

例句：

我<u>曾经</u>失望<u>过</u>。

我<u>曾经</u>很失望。

【初 167-6】已然

形　式： 刚／刚刚＋动词（词组）／形容词（词组）

意　义： 表示某事发生后或某种情况出现后时间不长。

用　法： 陈述时"刚"所在的句子多跟有后续句，后续句中常有"就、又"和
"刚"呼应，强调前后事情或情况紧接着发生。如果后续句是否定句，
则突出因间隔时间短而导致某种结果。作答时常常不跟后续句。

例句：

他<u>刚</u>走，你<u>就</u>来了。

<u>刚</u>讲了几个生词<u>就</u>下课了。

病<u>刚</u>好，要多休息休息。

<u>刚</u>安静了一会儿，<u>又</u>吵起来了。

我<u>刚</u>回家，还没做饭呢。

他<u>刚</u>工作，没什么经验。

A：你在哪儿？

B：<u>刚</u>到办公室。

【初 168-1】即将

形　式： 马上＋动词（词组）／形容词（词组）／数量词组

意　义： 表示短时间内会出现某种情况。

用　法： 陈述时，经常与副词"就"配合使用，强调"迅速"；祈使时一般不
用"就"。否定成分要放在"马上"前。

例句：

电影<u>马上就</u>开始了。

天<u>马上就</u>亮了。

<u>马上就</u> 12 点了，早点儿睡吧。

<u>马上</u>到会议室开会。

摔倒后不要<u>马上</u>爬起来。

【初 168-2】即将

形式：立刻 + 动词（词组）

意义：表示动作行为紧接着发生。

用法："立刻"更突出"紧接"，强调"瞬时"发生；"马上"更突出"短时"
　　　　的过程。笼统而言，"立刻"基本可以用"马上"替换；区别而言，
　　　　强调"过程"的"马上"不能用"立刻"替换。

例句：

跑步后不要<u>立刻</u>（马上）喝水。

<u>马上</u>（＊立刻）就毕业了。

【初 168-3】即将

形式：快（要）……了

意义：表示不久以后将出现某情况。

用法：也说"快要"，但数量词组前一般只用"快"。用于陈述，不用于祈
　　　　使。不用于否定句。多可与"马上"替换，但"快……了"时间上更
　　　　为从容。

例句：

假期<u>快</u>（要）<u>到了</u>。

他<u>快</u>（要）<u>上中学了</u>。

铅笔<u>快</u>（要）<u>用完了</u>。

病<u>快（要）</u>好<u>了</u>。

工作<u>快</u>十年<u>了</u>。

<u>快</u>12点<u>了</u>，赶快睡吧。

【初168-4】即将

形式：将要＋动词（词组）

意义：表示不久以后将出现某情况。

用法：多用于书面语。用于陈述，不用于祈使。不用于否定句。

例句：

700多户居民<u>将要</u>搬进新家。

明天<u>将要</u>产生15块金牌。

【初169-1】迟早、快慢

形式：时间成分＋就＋动词（词组）/形容词（词组）

意义：表示某事或性状在某一时间发生或出现，用来强调事情或性状发生得
　　　　快，出现得早。

用法：时间成分可以由时间名词、时间副词、时量词、形容词或介词词组来
　　　　充当。注意：可用于现在或将来，也可以用于过去。常和"了"呼应
　　　　使用。

例句：

我<u>现在就</u>去。

她<u>去年就</u>毕业了。

快递<u>明天就</u>到了。

暑假<u>马上就</u>开始了。

作业<u>早就</u>写完了。

天<u>很快就</u>亮了。

饭<u>一会儿就</u>好了。

妹妹<u>从小就</u>十分聪明。

【初 169-2】迟早、快慢

形式：动词词组＋就＋动词（词组）/ 形容词（词组）

意义：表示两个动作行为紧接着先后发生。

用法："就"前要用动词词组，"就"后可以用单个动词，也可以用动词词组。
　　　　"就"后的形容词一般不受程度副词限定。

例句：

苹果都没洗，拿起来就吃。

说着说着就笑了。

下班就回家，哪儿都不去。

刚出门就下雨了。

胃口不太好，吃一点儿就饱了。

哭吧，哭出来就不难受了。

这个问题不难，想一想就清楚了。

【初 169-3】迟早、快慢

形式：时间成分＋才＋动词（词组）

意义：表示某事到某一时间或经历某段时间后出现，用来强调发生得晚。

用法：时间成分可以是表示现在、过去或将来的时点，也可以是时段或动
　　　　量。动词后不用"了"。

例句：

电影早就开始了，你怎么现在才来？

你昨晚 12 点才回来，忙什么去了？

妹妹明年才毕业。

学了半年才学会。

打了好几次电话才打通。

【初 169-4】迟早、快慢

形式： 才＋时间成分；才＋动词＋时间成分

意义： 强调时间早或事情经历的时间短、次数少。

用法： 时间成分可以是时点，也可以是时段，还可以是动量。

例句：

现在才五点，再睡一会儿吧。

我才看了一天，还没看完呢。

他才练习了两遍，还不熟练。

【初 169-5】迟早、快慢

形式： 才……就……

意义： 表示两件事情紧接着发生。

用法： 用于连接两个句子，"才"用在第一个句子中，意思是"刚刚"，"就"用在第二个句子中。如果主语相同，两个句子之间往往是紧缩形式，不用逗号。

例句：

我才回到家，老李就让我回办公室帮忙。

她才学了一年就能说一口流利的汉语。

【初 169-6】迟早、快慢

形式： 忽然＋动词（词组）/形容词（词组）

意义： 表示在某一时间迅速而意外地发生了某种情况。

用法： "忽然"可以用在主语前，修饰限定整个句子。注意："忽然"可以换用为"突然"，但"突然"是形容词，还可以做定语、谓语和补语，"忽然"是副词，只能做状语。

例句：

一个冬天的夜晚，忽然刮起了大风。

看着孩子上了火车，忽然有些难过。

忽然，办公室停电了。

【初 170-1】持久

形式： 一直 + 动词（词组）/ 形容词词组

意义： 表示动作行为或性质状态在一定时间范围内延续不断。

用法： "一直"所指的时间范围可以是从过去到现在，也可以是从现在到将来。如果要表达明确的时间长度，可以在状语或补语位置加上表示时间的成分。

例句：

好习惯要一直保持。

我喜欢跑步，我希望一直跑下去。

他一直在等你的电话。

他的学习成绩一直很好。

从下午开始，他一直在打游戏。

我这两年一直在学习汉语。

这场雨一直下了三天。

下午的课一直上到五点。

这部小说一直红了半个世纪。

【初 170-2】持久

形式： 从来 + 动词（词组）/ 形容词（词组）

意义： 表示动作行为或性质状态从某一时点起，每时每刻都这样。

用法： 多用于否定句，从排除的角度突显事情或状态肯定的一面。

例句：

他从来不说大话。

把小事办好从来不是一件小事。

爸爸从来没后悔这辈子做医生。

他从来没离开过家乡。

赚钱从来不容易。

他从来没有这么高兴过。

【初170-3】持久

形式： 始终＋动词（词组）/形容词（词组）

意义： 开始怎么样，结束时就怎么样，表示整个过程保持一致。

用法： "始终"强调整个过程，"始终"后的动词不带时间词语。注意：用"始终"时，事情或状态已经开始，所以"始终"不能只指将来。

例句：

我始终都相信爱。

他的心里始终装着学生。

航天员出舱始终是一个危险的任务。

这里的夏天始终很凉快。

我的理想始终没变。

社会发展始终离不开科技。

这件事我始终想不明白。

他对自己的作品始终不满意。

【初170-4】持久

形式： 终于＋动词（词组）/形容词（词组）

意义： 表示经过较长的过程，到最后才出现某种结果或状态。

用法： 用"终于"时，多隐含一个变化的过程，强调直到最后才满足了某种期望。"终于"多和"了₁"或"了₂"呼应。一般不用于疑问。

例句：

问题终于解决了。

晚上十点多了，广场终于安静了。

60多年，我终于找到了你！

他<u>终于</u>获得了奥运金牌。

<u>终于</u>来水了，我都三天没洗澡了。

装了电梯，大家<u>终于</u>不用爬楼梯了！

【初 170-5】持久

形式： 永远＋动词（词组）/ 形容词（词组）

意义： 表示行为、性质、状态或关系等长久如此，没有终止。

用法： "永远"用于将来。"永远"可以重叠。

例句：

这一天，我们<u>永远</u>不会忘记。

<u>永远永远</u>爱你。

你<u>永远</u>叫不醒一个装睡的人。

雷锋叔叔<u>永远</u>年轻，<u>永远</u>是我的榜样！

生活<u>永远</u>不完美。

【初 170-6】持久

形式： 还＋动词（词组）/ 形容词（词组）

意义： 表示动作行为或状态的持续，往往有持续时间超过了预期的意思。

用法： 如果就说话人自己的预期而言，有"应该这样，实际却那样"的意思。如果就听话人的预期而言，则有"你以为这样，实际却那样"的意思。

例句：

都半夜了，他<u>还</u>在唱歌。

三点就放学了，孩子<u>还</u>没到家吗？

秋天到了，天气<u>还</u>这么热。

昨天<u>还</u>好好的，今天怎么就发烧了？

不要着急，时间<u>还</u>早着呢。

孩子<u>还</u>太小，你跟他生什么气呢？

【初 170-7】持久

形式：还是＋动词（词组）/ 形容词（词组）

意义：表示动作行为或状态的持续，往往有强调动作行为或状态没有变化的意思。

用法：多用于口语。如果用在复句中，与"虽然、尽管、即使"搭配使用，用在后一个句子当中。

例句：

他还是在上海工作。

明天还是上汉语课。

妈妈还是不同意。

球场上还是空空荡荡的。

虽然辛苦，但还是选择这样的生活。

他尽管头发白了，还是想继续工作。

即使在休假，我还是觉得累。

多年不见，小丽还是那么漂亮。

【初 171-1】频率高低

形式：有时＋动词（词组）/ 形容词（词组）

意义：表示某种情况在某个不确定的时间发生。

用法：常用"有时……，有时……"组成并列关系。

例句：

今天阴到多云，有时有小雨。

小狗有时会咬人。

春天的天气有时热，有时冷。

【初 171-2】频率高低

形式：常常＋动词（词组）

意义： 表示事情间隔时间短，发生次数多。

用法： "常常"用来说明一般的情况，可以用于现在，也可以用于过去和将来。注意："不常"与"常不"意思不同，"不常"表示发生次数少。

例句：

他<u>常常</u>帮我。

以后<u>常常</u>来看我。

小时候家里<u>常常</u>吃面食。

小时候家里<u>不常</u>吃面食。

【初 171-3】频率高低

形式： 往往 + 动词（词组）

意义： 表示不必然但大概率会有某种情况。

用法： "往往"用来指明利用多次经验归纳而来的某种倾向性规律，不强调情况发生的频次。它不用于将来的事情，使用时多要指明规律的限制条件。

例句：

慢性病病人<u>往往</u>需要长期服药。

当新技术出现时，新问题也<u>往往</u>产生。

在<u>使用电子设备</u>时，老年人<u>往往</u>看不清，找不到，学不会。

【初 171-4】频率高低

形式： 总是 / 总 + 动词（词组）/ 形容词（词组）

意义： 表示每次都如此。

用法： 强调同样的结果反复出现。使用时多指明相应的条件。

例句：

打了好多次客服电话，为什么<u>总是</u>打不通？

不管遇到什么风险、什么灾难，人类社会<u>总是</u>要前进的。

每次去看他，他<u>总是</u>那么忙。

一到下雨，身体<u>总是</u>不舒服。

【初 171-5】频率高低

形式：随时 + 动词（词组）

意义：表示可以在任何认为需要或必要的时间做某事。

用法：多用于一般情况或将来。

例句：

这家便利店 24 小时服务，随时都可以买东西。

有问题的话，随时来找我。

【初 172-1】先后、同时

形式：先 + 动词（词组）

意义：表示某一行为或事情发生在前。

用法："先"常与"再、然后"搭配使用，参见【初 234-1】-【初 234-2】顺
序承接。注意："后"与"先"的用法并不对称，在对举时"先"和
"后"才呼应使用。

例句：

想减肥，先记住这些事情。

先洗手，再吃饭。

先去夫子庙，然后去中山陵。

先试用，后付费。

【初 172-2】先后、同时

形式：先后 + 动词词组

意义：概括表示相同的事情相继发生。

用法："先后"所概括的动作行为是相同的，并且有前有后。"先后"常与数
量词组呼应使用。

例句：

两个孩子先后考上了大学。

他先后学习了汉语、英语和俄语。

他先后学习了三种语言。

这个问题他先后问了好几次。

他先后两次去中国旅游。

【初 172-3】先后、同时

形式：主语＋动词（词组）₁，又＋动词（词组）₂

意义：表示已然的动作行为是相继发生的。

用法：用于叙述已然的事情。前后两个句子的主语相同，"又"多与"了₁"
呼应。注意：动作行为前后相随，"又"用来强调另外做了什么。

例句：

我喝了一杯茶，又看了一会儿书。

打扫完卫生，又去了一趟超市。

【初 172-4】先后、同时

形式：主语＋动词（词组）₁，再＋动词（词组）₂

意义：表示两个未然的动作行为相继发生。

用法：两个动词的主语相同，动作行为有先后之别，前一个动作行为结束
后，后一个动作行为接着开始，"再"用来突显动作行为依次进行。

例句：

好好休息，感冒好了再去上课。

慢慢来，读完一本再读一本。

【初 172-5】先后、同时

形式：一齐＋动词（词组）

意义：表示相同的事情（或变化）同时发生。

用法："一齐"限定的动作行为是相同的，并且涉及的对象不止一个。动作
行为涉及的对象一般做句子的主语。

例句：

大家要一齐唱，这样才好听。

随着一声哨响，孩子们一齐冲出了起跑线。

表演时间到了，舞台上的灯一齐亮了起来。

比赛的时间、地点、交通、天气要一齐考虑。

【初 173-1】重复

形式： 又＋动词（词组）/ 形容词（词组）

意义： 表示已然的动作行为（状态）是重复发生的。

用法： "又"多与"了"呼应。动作行为（状态）有先后之别，"又"用于后一个句子，用来突显动作行为（状态）与先前重复。"又"所在的句子也常单独使用，但隐含着先前发生过相同的动作行为（状态）。

例句：

他前天来了一趟，昨天又来了一趟。

我昨天跑了五公里，今天又跑了五公里，感觉有点儿累。

今天又是晴天。

春天来了，草又绿了。

【初 173-2】重复

形式： 主语＋又＋能愿动词＋动词（词组）

意义： 表示已然确定的某事将要重复发生。

用法： "又"要与能愿动词"要、会、能"等搭配。

例句：

按照计划，这里又要修一个学校。

雨水匆匆，气温很快又会升高。

游泳馆下周开放，又能去游泳了。

【初 173-3】重复

形式：主语＋动词＋了₁＋又＋动词，……

意义：表示已然的动作行为持续重复发生。

用法：动作行为先后有别，但紧密相连。第二个动词不用"了"。注意：一般跟着后续句，表示引起的变化或出现的结果。

例句：

他想了又想，终于想出了一个好办法。

我讲了又讲，他还是不明白。

【初 173-4】重复

形式：一＋量词＋又＋一＋量词

意义：表示很多次重复。

用法：此格式可做补语、定语和状语。

例句：

他读了一遍又一遍。

科学家解决了一个又一个难题。

他一次又一次地说谎。

【初 173-5】重复

形式：再＋动词词组

意义：表示先前已经发生过的动作行为将重复发生。

用法："再"后一般不用单个动词。"再"用于将来。

例句：

没听清楚，请再说一遍。

妈妈，再给我讲一个故事吧！

【初173-6】重复

形式：再 + 动词（词组）

意义：表示先前已经发生的动作行为将继续保持。

用法：动作行为可以是实然的，动词后往往有数量成分呼应；也可以是虚拟的，表示假设，后面往往有"就、也"等来呼应。

例句：

现在才五点，再睡一会儿吧。

不要着急，咱们再等等。

你再哭，妈妈就生气了。

再说一万遍，他也不会同意。

【初173-7】重复

形式：……，主语 + 再 + 动词（词组）

意义：表示已经计划但未能实施的动作行为将在某一时间出现。

用法：多用于建议。

例句：

今天来不及了，周末再去打球吧。

电影票没买到，电影只能明天再看了。

4.　情态副词与行为方式的说明

人们不仅需要表达做什么，还要表达怎么做。有时候强调快一点儿做，有时候强调一步一步来，有时候需要自己做，有时候需要和别人一起做，诸如此类，这是行为的方式。情态副词是用来说明做事方式的。

【初 174-1】缓急

形式： 赶快 + 动词（词组）

意义： 表示加快速度做某事。

用法： 多用于祈使，也用于陈述。强调行为迅速。

例句：

赶快救火呀！

小明赶快打开门，跑过去帮忙。

【初 174-2】缓急

形式： 赶紧 + 动词（词组）

意义： 同"赶快"。

用法： 同"赶快"。

例句：

还等什么？赶紧去呀！

新鲜水果得赶紧卖。

【初 174-3】缓急

形式： 赶忙 + 动词（词组）

意义： 表示抓紧时间做某事。

用法： 用于陈述，可替换为"赶快"，但强调不拖延。注意："赶忙"不用于
祈使，不用于将来的事情。

例句：

一到办公室，王明就赶忙开始工作。

客人就快到了，丽丽赶忙把家里收拾了一下。

【初 174-4】缓急

形式： 连忙 + 动词（词组）

意义： 同"赶忙"。

用法：同"赶忙"。

例句：

听到呼救，他连忙跑了过去。

老大娘一上车，乘客就连忙让座。

【初 174-5】缓急

形式：急忙 + 动词（词组）

意义：表示着急而匆忙地做某事。

用法：可以重叠为"急急忙忙"。用于陈述，可替换为"赶忙"，但强调"着急"。注意："急忙"不用于祈使，不用于将来的事情。

例句：

下了班，她急忙回家做饭。

他早早起床，急急忙忙吃了几口早饭。

【初 174-6】缓急

形式：逐渐 + 动词（词组）/ 形容词（词组）

意义：表示随着时间慢慢地发展变化。

用法："逐渐"强调变化是连续的，它所限定的变化往往是一个自然而然的发展过程。注意：如果要强调自然地、不知不觉地发展变化，要用"逐渐"，不用"逐步"。

例句：

树叶逐渐（＊逐步）变黄了。

他逐渐（＊逐步）适应了国外的生活。

夏天到了，天气逐渐（＊逐步）热了起来。

【初 174-7】缓急

形式：渐渐（地）+ 动词（词组）/ 形容词（词组）

意义：参见【初 174-6】中的"逐渐"。

用法： "渐渐"与"逐渐"基本可以替换。"渐渐"后常用"地"，"逐渐"后
少用"地"。注意："渐渐地"还可以放在主语前，修饰整个句子。

例句：

树叶渐渐地（逐渐）变黄了。

他渐渐（逐渐）适应了国外的生活。

渐渐地（＊逐渐地），太阳升起来了。

【初 174-8】缓急

形式： 逐步＋动词（词组）

意义： 表示一步一步地发展变化。

用法： "逐步"强调变化是离散的，它所限定的变化往往可划分为若干个小
的阶段。注意：如果要强调有意识地、分阶段地使事情发展变化，要
用"逐步"，不用"逐渐"。"逐步"也用来表示自然的变化，但强调
这种变化是离散的。

例句：

认真学习，逐步（＊逐渐）提高汉语水平。

从明天开始，气温将逐步（逐渐）回升。

【初 175-1】倚变

形式： 越 A 越 B

意义： 表示 B 的程度随 A 的持续而增加。

用法： A 和 B 的主语可以相同，也可以不同。

例句：

日子越过越好了。

老年人越瘦越好吗？

孩子越自信，心理越健康。

困难是什么？你越怕它，它就越欺负你。

【初 175-2】倚变

形式：越来越+形容词；越来越+心理动词（+宾语）

意义：表示程度随着时间的推移而增加。

用法：只能有一个主语。"越来越"常和"了"呼应。

例句：

环境<u>越来越</u>好了，鸟儿<u>越来越</u>多了。

旅游<u>越来越</u>方便了。

人们<u>越来越</u>喜欢博物馆了。

看着大狗靠近自己，她心里<u>越来越</u>害怕。

【初 176-1】付出与成效

形式：白+动词（词组）

意义：表示做了某事却没有得到想要的目的、效果。

用法：常与单音节动词搭配。

例句：

<u>白学</u>了一个暑假，什么也没学会。

问清楚再去，不要<u>白跑</u>一趟。

【初 176-2】付出与成效

形式：白+动词（词组）

意义：表示不用付费而得到，或不用付费而给予。

用法：常与"吃、喝、拿、住、玩儿、送、给"等单音节动词搭配。

例句：

不能<u>白拿</u>别人的东西。

买十个鸡蛋，<u>白送</u>一个。

这是我买的，可不是<u>白给</u>的。

【初 176-3】付出与成效

形式：尽量 + 动词（词组）

意义：表示能这么做就不会那么做，或能不这么做就不这么做。

用法：多用于建议。动词多带有状语或补语。否定词用"不"或"别"。

例句：

明天事情多，<u>尽量早点儿来</u>。

语法<u>尽量讲得简单一些</u>。

过年<u>尽量不放烟花</u>。

晚上<u>尽量别吃水果</u>。

【初 177-1】协同

形式：主语 + 一起 + 动词（词组）

意义：表示若干对象参与进来，共同做一件事。

用法：主语可以是施事，"一起"前经常用复数人称代词充当主语，也经常
　　　　用介词"跟"引入协同做事的对象；主语还可以是受事。也常用介词
　　　　"把"来引入动作行为的受事。

例句：

有事的话，<u>大家一起商量</u>。

为了幸福，<u>我们一起努力</u>！

<u>我跟父母一起过年</u>。

<u>好的差的一起卖</u>。

<u>这两个生词最好一起教</u>。

<u>请把手机和电脑一起送到办公室</u>。

【初 177-2】协同

形式：主语 + 一块儿 + 动词（词组）

意义：参见【初 177-1】中的"一起"。

用法：用于口语。

例句：

他今天晚上和几个朋友<u>一块儿</u>吃饭。

我喜欢跟孩子<u>一块儿</u>玩儿！

把桌子、椅子<u>一块儿</u>搬上楼。

5. 否定副词与否定的表达

常用的否定副词有"不""没（有）"和"别"，这三个成员否定的对象不一样，语用条件也不一样。

【初 178-1】不

形式："不"单独使用

意义：用来简短回答问题，表达与问句意思相反的观点。

用法："不"后有停顿，常有后续的具体说明。如果问句是肯定性的，回答者的观点是否定性的，"不"后续的句子也是否定句；如果问句是否定性的，回答者的观点是肯定性的，"不"后续的句子是肯定句。

例句：

A：你去吗？

B：<u>不</u>，我不去。

A：你不吃吗？

B：<u>不</u>，我吃。

【初 178-2】不

形式：不＋动作动词

意义：否定发生某动作行为。

用法：如果动作行为是偶然发生的，"不"偏重于否定主观意愿，有不愿意、不肯的意思；如果动作行为是惯常发生的，"不"偏重于否定某种习惯、规律。

例句：

都 30 多了，还<u>不</u>工作。

怎么<u>不</u>吃饭？是不是病了？

说了你也<u>不</u>信。

吃了饭也<u>不</u>洗碗。

爸爸<u>不</u>抽烟，也<u>不</u>喝酒。

他喜欢狗，<u>不</u>喜欢猫。

【初 178-3】不

形式：不 + 表示判断、关系、认知的动词

意义：否定某一客观情况。

用法：常见的表示判断、关系、认知的动词有"是、像、在、等于、知道、认识、明白、懂"等，这些动词不是自己能控制的，"不"偏重于否定相关的客观情况。

例句：

他<u>不</u>是老师。

我<u>不</u>像爸爸，也<u>不</u>像妈妈。

花瓶<u>不</u>在桌子上。

3+3 <u>不</u>等于 5。

他<u>不</u>知道你要来。

丽丽<u>不</u>认识汉字。

【初 178-4】不

形式：不 + 能愿动词 + 动词（词组）

意义：否定可能、许可、意志、情理或事实的需要等。

用法：能愿动词后一般要加上动词或动词词组。

例句：

看样子今天不会下雨。

上课时间不能玩儿游戏。

吃饭的时候不要说话。

太高了，我不敢爬。

这么晚了，不应该打扰别人。

【初 178-5】不

形式：不 + 介词 + 宾语 + 动词（词组）

意义：否定介词引入的对象。

用法：否定的不是动作行为，而是动作行为相关的对象。

例句：

今天不在教室上课。

很多人不把冰箱放厨房。

她生气了，不跟我说话。

【初 178-6】不

形式：不……了₂

意义：表示事情或状态变到相反的状态。

用法："不……了₂"强调和一个以前隐含着的情况或状态相反。

例句：

终于不发烧了。

你不是孩子了，不能再任性！

茶不热了，加点儿热水吧！

【初 178-7】不

形式：动词 + 不 + 补语

参见：

【初 095-1】可能补语

【初 095-2】可能补语

【初 178-8】不

形式：不 + 形容词

参见：

【初 134-1】性质的否定

【初 178-9】不

形式：不 + 很 / 太 / 都 / 经常

意义：对程度、范围、频率进行否定。

用法："不 + 很 / 太 / 都 / 经常"与"很 / 太 / 都 / 经常 + 不"不同。"不 + 很 / 太"表示较低程度，"不 + 都"表示部分对象，"不 + 经常"表示频率较低。

例句：

天气<u>不很热</u>。

交通<u>不太方便</u>。

我们班<u>不都去公园</u>。

他<u>不经常看电影</u>。

【初 179-1】没（有）

形式："没（有）"单独使用

意义：用来简短回答问题。

用法：无论问句是肯定性的，还是否定性的，"没有"都表示对事实或状态的否定。

例句：

A：你去了吗？

B：<u>没有</u>，我没去。

A：你没去吗？

B：<u>没有</u>，我没去。

【初179-2】没（有）

形式：没（有）＋动词（词组）

意义：否定动作行为已经发生或已经达到某一结果。

用法："没有"不能用于将来。注意："没有"否定的动词（词组）不能带"了"，可以带"过"。

例句：

他<u>没有</u>去。

他<u>没有</u>去过长城。

他中午<u>没有</u>吃饭。

他中午<u>没有</u>吃饱。

【初179-3】没（有）

形式：没（有）＋形容词

参见：

【初134-2】性质的否定

【初180】别

形式：别＋动词（词组）/形容词（词组）

意义：表示禁止或劝阻。

用法：用于祈使。

例句：

注意听，<u>别</u>说话！

<u>别</u>来得太晚了！

<u>别</u>客气！

<u>别</u>慌慌张张的！

6. 语气副词与主观态度的表达

　　人们不仅需要表达做什么事，有时候还需要对事情加以评估判断：是在预料之中，还是意料之外？是可能发生，还是必然发生？诸如此类，都和说话人的主观态度密切相关。语气副词用来表达说话人对待事情的态度。

【初 181-1】意料

　　形式： 果然＋动词（词组）/ 形容词（词组）

　　意义： 表示某一说法或所料得到事实验证。

　　用法： 说话人用"果然"来强调某一说法或所料是正确的。它还可以放在句子前，限定整个句子。

例句：

<u>果然</u>是越努力，越幸运啊！

用尺子一量，<u>果然</u>发现了问题。

这个西瓜<u>果然</u>好吃。

<u>果然</u>，人老了，就像个孩子。

【初 181-2】意料

　　形式： 恐怕＋动词（词组）/ 形容词（词组）

　　意义： 表示估计某事或某情况可能发生。

　　用法： 常用于表示"担心不利的事情或情况发生"，语气较为委婉。

例句：

这么做，他恐怕不会同意。

一个星期做完这么多工作，恐怕有点儿难。

【初 181-3 】意料

形式： 大概 + 动词（词组）/ 形容词（词组）

意义： 表示对可能情况的推测。

用法： 语气较为肯定。

例句：

我大概能通过这次考试。

你的事大概没问题。

这条裤子长短大概合适。

这道题没几个人做出来，大概太难了。

【初 181-4 】意料

形式： 竟然 + 动词（词组）/ 形容词（词组）

意义： 表示没想到会发生某事或出现某情况。

用法： 说话人用"竟然"突显"惊叹""难以相信"这样的语气。

例句：

我竟然忘记了今天是女儿的生日。

手机的副作用竟然这么多！

【初 181-5 】意料

形式： 倒 + 动词（词组）/ 形容词（词组）

意义： 表示某一事实或情况与预料相反。

用法： 说话人用"倒"突显认为某事或某情况"不合理"的语气。

例句：

怎么回事？十个题倒错了九个。

让你说，你不说；不让你说，你倒说个不停。

他来得迟，走得倒早。

火车马上就开了，你倒不着急！

【初 182-1】提醒与强调

形式：究竟 + 疑问形式

意义：表示进一步追问。

用法："究竟"用于非是非问句，针对疑问焦点进行追问。如果问别人，有催促别人提供确切信息的意味；如果问自己，有进一步深入思考的意味。"究竟"一般放在疑问焦点前。

例句：

究竟谁去？

你究竟去哪儿？

究竟你去还是他去？

你究竟去不去？

我究竟该怎么去呢？

【初 182-2】提醒与强调

形式：到底 + 疑问形式

意义：同【初 182-1】中的"究竟"。

用法：同【初 182-1】中的"究竟"。

例句：

到底谁去？

你到底去哪儿？

到底你去还是他去？

你到底去不去？

我到底该怎么去呢？

【初 182-3】提醒与强调

形式： 到底 + 动词（词组）/ 形容词（词组）

意义： 表示应该注意某一基本事实。

用法： 多用来解释。说话人用"到底"来突显某一基本事实，并将它作为解释结果的关键原因。"到底"主要用于表示原因的小句中，它一般在动词（词组）、形容词（词组）前，有时也出现在主语前。

例句：

到底第一次参加奥运会，他觉得十分紧张。

他们到底年轻，工作有干劲儿。

到底年纪大了，身体恢复得慢多了。

【初 182-4】提醒与强调

形式： 并 + 不 / 没（有）+ 动词（词组）/ 形容词（词组）

意义： 加强否定语气，否定某事或某情况事实存在。

用法： 说话人多用"并不"或"并没（有）"来纠正某种看法或反驳他人，语气较强。

例句：

体重下降和减肥并不是一回事。

有这么多热心人，我们并不孤单。

这个问题并没有那么简单。

虽然失败了，但他并没有放弃。

【初 182-5】提醒与强调

形式： 根本 + 否定形式

意义： 表示强烈的否定。

用法： "根本 + 不……"是"完全不……"的意思，"根本 + 可能补语否定式"是"完全不可能"的意思，"根本 + 没（有）"是"从始至终没（有）……"的意思。

例句：

我根本不知道你今天要来。

字太小，根本看不清楚。

他根本没学过汉语。

【初 182-6】提醒与强调

形式：千万＋动词词组／形容词词组

意义：表示嘱咐的语气。

用法：用于祈使，告诉听话人务必怎么做，以避免产生不良后果。

例句：

工作千万别马虎！

开车时千万要小心！

这件事千万不能忘记！

【初 182-7】提醒与强调

形式：尽管＋动词（词组）

意义：表示鼓励的语气。

用法：用于祈使，告诉听话人不要犹豫、不要担心，想做就做。一般不用于
　　　　否定句。

例句：

有问题尽管问。

你尽管拿去，我有的是。

我有哪些缺点，你尽管说。

【初 182-8】提醒与强调

形式：几乎＋动词（词组）／形容词（词组）

意义：强调虽然不完全是那样，但非常接近那样。

用法："几乎"往往与表示数量或形容数量的词语呼应使用。如果句子中有不止一个表达数量的词语，"几乎"可以出现在不同的位置，但表达的重点有所区别。

例句：

教室的座位几乎坐满了。

两名运动员几乎同时撞线。

今天几乎和昨天一样热。

在寒冷的季节，游客几乎是零。

身体几乎完全恢复了。

他几乎每天都五点起床。

他每天几乎都五点起床。

几乎每天的气温都达到 33℃。

每天的气温几乎都达到 33℃。

【初 183-1】信疑

形式： 也许＋动词（词组）/ 形容词（词组）

意义： 用来估计事情的可能性，表示不太肯定。

用法： "也许"在其他状语的前边。"也许"还可以放在主语前，修饰整个句子。

例句：

他也许去，也许不去。

这些书也许能帮助你。

邻居也许都是陌生人。

这次考试也许比你想的难。

也许我笨，但我不傻。

【初 183-2】信疑

形式：大概 + 数量 / 时量词组；大概 + 动词 + 数量 / 时量词组

意义：用来不太肯定地估计数量、年龄、时间等。

用法："大概"一定要和表示数量、时间的成分呼应使用。

例句：

地铁站到学校大概 800 米。

她大概 20 岁。

A：多长时间可以到？

B：大概需要半个小时吧。

【初 183-3】信疑

形式：一定 + 动词（词组）/ 形容词（词组）

意义：用来估计事情的可能性，表示很肯定。

用法："一定"常与"能、会、要"搭配使用，表示推测，多用肯定形式。
"一定"还可用于祈使，多表示嘱咐，"一定"后可以是肯定形式，也
可以是否定形式。

例句：

我们一定能成功。

作业一定要按时交。

明天一定会更好。

父母高，孩子也一定高。

一定要努力学习！

明天一定不要迟到。

【初 183-4】信疑

形式：不一定 + 动词（词组）/ 形容词（词组）

意义：用来估计事情的可能性，表示"也许"，偏于否定。

用法：用来推测时，如果"不一定"后面是肯定形式，表示"也许不（没）……"；如果"不一定"后面是否定形式，表示"也许……"。

例句：

你<u>不一定</u>适合这个工作。

这种水果你<u>不一定</u>吃过。

明天<u>不一定</u>不下雨。

你再问问，他<u>不一定</u>不同意。

【初 183-5】信疑

形式：肯定＋动词（词组）/形容词（词组）

意义：用来估计事情的可能性，表示确信无疑。

用法："肯定"后可以是肯定形式，也可以是否定形式。注意：不用于祈使句。

例句：

这条裙子<u>肯定</u>适合你。

你<u>肯定</u>没看过这部电影。

这个答案<u>肯定</u>不对。

【初 183-6】信疑

形式：确实/的确＋动词（词组）/形容词（词组）

意义：用来确认某一事情的真实性，表示十分肯定。

用法："确实"所肯定的事情是已经真实发生的。"确实"可以放在主语前，修饰整个句子。

例句：

他篮球<u>确实</u>打得漂亮。

玛丽的汉语<u>确实</u>很好。

<u>确实</u>，工作的压力太大了。

【初 183-7】信疑

形式：必须＋动词（词组）/ 形容词（词组）

意义：用来强调事实或情理的必要性，表示不这么做或不这样就不行。

用法：否定常用"不必"或"无须"，表示"这么做或这样是没必要的"。"不必""无须"不一定有对应的肯定形式。

例句：

有错必须改。

图书馆必须保持安静。

做事必须公平。

合适就好，不必买名牌。

考试不必紧张。

旅游计划无须太详细。

第十二章　介词与句子的表达

1. 处所、时间的引介

在日常生活中，人们常常需要说明动作行为发生的时空位置，介词"在""从""由""自从"主要用来引入处所和时间。"在"和"从"还有一些常用的固定组合，表示引申的意义。

【初 184-1】在

形式： 在 + 方位词组 / 处所词 + 动词（词组）/ 形容词（词组）

意义： 表示动作行为或性质状态发生的处所。

用法： "在 + 方位词组 / 处所词"可能是动作行为发出者的所在，也可能不是。

例句：

李华在黑板上写汉字。

我们在操场踢足球。

鱼在水中才快乐。

我在中国很好。

【初 184-2】在

形式： 动词 + 在 + 方位词组 / 处所词

意义： 表示对象随着动作行为达到某个地方。

用法： 动词一般为光杆动词。注意，动态助词"了"要放在"在"后。

例句：

手机掉在了地上。

电脑放在了办公室。

【初 184-3】在

形式： 在 + 时间词语 + 动词（词组）

意义： 表示动作行为发生的时间。

用法： "在 + 时间词语"做状语时常常省略介词"在"。如果需要强调这个
　　　　时间，强调的词语放在"在 + 时间词语"前。

例句：

请在上课前预习课文。

会议是在上午八点开始的。

我们必须在九月前完成这项工作。

【初 185-1】从

形式： 从 + 方位词组 / 处所词 + 不及物动词（词组）

意义： 表示某一对象移动的起点。

用法： 移动对象原先在"从 + 方位词组 / 处所词"所指处所中。

例句：

咱们从学校门口出发。

他刚从大学毕业。

你从哪里来？

我刚从北京回来。

他从桌子上跳了下来。

【初 185-2】从

形式： 从 + 方位词组 / 处所词 + 及物动词 + 宾语

意义： 表示使宾语所指对象离开某处。

用法：宾语所指对象原先处于"方位词组 / 处所词"所指处所。

例句：

我从银行卡里取了一笔钱。

王明从桌子上拿起杯子，喝了一口水。

他从教室搬出来两张桌子。

【初 185-3】从

形式：从 + 时间词语 / 名词词组 + 动词（词组）

意义：表示某件事情的时间起点。

用法：常与"开始""起""到"搭配使用。

例句：

从那节课开始，他喜欢上了汉语。

这个学期从 9 月 1 日开始上课。

从明天起，阴雨天就要来了。

【初 185-4】从

形式：从 + 方位词组 / 处所词 + 动词（词组）

意义：表示人或事物沿着某路线或某场所移动。

用法：主语所指对象在"从 + 方位词组 / 处所词"所指处所中移动。

例句：

一条大河从城市中流过。

咱们从楼梯走上去吧。

一辆汽车从桥上开了过去。

【初 186】自从

形式：自从 + 时间词语 / 动词词组 / 名词词组……

意义：引入某个过去的时间起点。

用法：经常用在句首做状语。强调从过去某一时点开始到现在，事情持续发
　　　　生。"自从"常与"以来、起、后、以后"搭配使用。

例句：

自从一月以来，物价一直在上涨。

自从那天起，我们再没见过面。

自从生了病后，每天都得吃药。

自从进入国家队以后，她一直很努力。

自从那件事以后，我们就成了好朋友。

【初 187-1】由

形式：由 + 处所词语 + 动词（词组）

意义：同【初 185-1】从。

用法：参见【初 185-1】从。较有书面色彩。

例句：

这个航班是由北京出发的。

比赛结束了，球员们由球场走了出来。

【初 187-2】由

形式：由 + 时间词语 / 名词词组 + 动词（词组）

意义：同【初 185-3】从。

用法：参见【初 185-3】从。较有书面色彩。

例句：

由早上七点到早上八点，他每天锻炼一个小时。

新的教学计划由下学期开始实行。

【初 187-3】由

形式：由 + 处所词语 + 动词（词组）

意义：同【初 185-4】从。

用法：参见【初 185-4】从。较有书面色彩。

例句：

请观众朋友<u>由东门进入</u>，<u>由西门离开</u>。

这条路近，咱们<u>由这条路走过去</u>吧。

【初 188-1】"在""从"的引申义

形式：在……上

意义：表示某方面。

用法："在……上"一般放在动词或形容词前做状语，"在"经常省略。

例句：

李华（在）<u>工作上很有办法</u>。

这句话（在）<u>语法上没问题</u>。

他（在）<u>学习上很认真</u>，（在）<u>生活上很马虎</u>。

【初 188-2】"在""从"的引申义

形式：在 + 名词（词组）+ 中

意义：表示范围。

用法："在 + 名词（词组）+ 中"经常放在句首做状语。

例句：

<u>在我的同学中</u>，王明最有趣。

<u>在这两年中</u>，李华的汉语进步很快。

【初 188-3】"在""从"的引申义

形式：在 + 动词 / 形容词 + 中

意义：表示进行的过程。

用法："在……中"一般放在动词前做状语。

例句：

他<u>在学习中遇到了一些困难</u>。

孩子们<u>在快乐中学习</u>，<u>在健康中成长</u>。

【初 188-4 】"在""从"的引申义

形式：在 + 名词词组 + 下

意义：表示条件。

用法："在 + 名词词组 + 下"经常放在句首做状语。名词词组的中心语常常是"帮助、支持、领导、影响"等动词，这些动词前要用"……的"来限定，变成名词词组。

例句：

在同学们的帮助下，他进步很快。

在家庭的影响下，王明成了一位老师。

【初 188-5 】"在""从"的引申义

形式：从 + 方位词组 / 处所词

意义：表示来源。

用法：主语表示的对象不涉及位置的移动。

例句：

我从心里喜欢汉语。

他从工作中得到很多快乐。

王明从办公室打了一个电话。

【初 188-6 】"在""从"的引申义

形式：从 + 名词（词组）/ 形容词 / 数量词组 + 动词（词组）

意义：表示发展变化的起点。

用法："从 + 名词（词组）/ 形容词 / 数量词组"经常与表示结果的成分搭配使用，表示变化的过程。

例句：

学习要从基础开始。

他已经从一个学生变成了一位老师。

从春天到夏天，从夏天到冬天，一年又过去了。

这条狗是我从小养大的，已经三岁多了。

同学们从高到低站成一排。

成绩从六十几分提高到了九十多分。

【初 188-7】"在""从"的引申义

形式：从……到……

意义：表示范围。

用法："从"可以与多种成分搭配。"从……到……"经常用在句首做状语。

例句：

他从里到外换了一身新衣服。

从孩子到老人，没有人不喜欢这本书。

从小到大，他一直都在这里生活。

从发音到表达，他的演讲非常完美。

【初 188-8】"在""从"的引申义

形式：从 + 方位词组 / 处所词 / 名词词组 + 动词（词组）

意义：表示观察的方位。

用法：常比喻观察、思考的角度。

例句：

宇航员从太空看到了整个地球。

多从别人的角度思考问题。

工作要从实际情况出发。

老师从两个方面提出了意见。

【初 188-9】"在""从"的引申义

形式：从 + 名词（词组）+ 中 / 来看

意义：表示判断的依据。

用法：多用在句首做状语。

例句：

从孩子的眼睛中，她感到了信心。

从表现来看，他是一个优秀的学生。

从身体情况来看，你最好多休息几天。

2. 对象的引介

"给""对""对于""跟""由""连""除了""比""把""被"等介词主要用来引入动作行为的相关对象。不同的介词，引入不同的语义角色。

【初 189-1】给

形式： 给 + 名词 / 代词

意义： 引进动作的参与者。

用法： "给"引入动作行为涉及的、除了主语与宾语以外的第三个对象，这个对象是这个动作行为不可缺少的参与者。这个参与者有时还是受益者。

例句：

妈妈给孩子们讲故事。

张老师给我们上汉语课。

我给他打了一个电话。

这事我不对，我给你道歉。

【初 189-2】给

形式： 给 + 名词 / 代词

意义： 引进动作的受益者。

用法： 宾语和补语同时出现时，往往用"把"字提前到动词前。常用于祈使。

例句:

他给你们当翻译。

你给孩子拿件衣服。

他把电脑给我修好了。

请给我擦一下黑板。

【初 189-3】给

形式: 给 + 名词 / 代词 + 动补词组

意义: 引进动作的受害者。

用法: 补语表示动作带来的损害。受事对象经常充当主语,也常做介词
　　　　"把"的宾语。如果语境明晰,受害者不言而喻,"给"的宾语可以省
　　　　略。祈使时用否定形式。

例句:

对不起,这道题给你改错了。

对不起,我把这道题给你改错了。

对不起,我把这道题给改错了。

怎么回事? 房间给我弄得乱七八糟!

怎么回事? 谁把房间给我弄得乱七八糟?

怎么回事? 谁把房间给弄得乱七八糟?

小心点儿! 别把衣服给我弄脏了。

小心点儿! 别把衣服给弄脏了。

【初 189-4】给

形式: 动词 + 给 + 名词 / 代词 + 宾语

意义: 引进事物的接受者。

用法: 用于某一对象从一方交付另一方,动词本身有"交付、传递"义时,

"给"字可以省略；动词本身没有"交付、传递"义时，"给"字不可省略。如果强调交付某一确定的对象时，往往用"把"字将该对象提到"动词＋给＋名词"前，或由它充当主语。动态助词"了"要放在"给"的后面。

例句：

我送（给）<u>朋友</u>一本词典。

我把钥匙<u>留给你</u>。

<u>钥匙留给你</u>。

他把球<u>踢给了小明</u>。

<u>球踢给了小明</u>。

哥哥<u>买给妹妹</u>一个书包。

【初 189-5】给

形式：主语＋给＋名词＋动词＋其他成分

意义：引进动作的发出者，相当于"被"。

用法：多用于口语。参见【初 107-2】–【初 107-3】被动。

例句：

<u>鱼给猫吃了</u>。

<u>他给汽车撞了一下</u>。

<u>衣服给雨淋湿了</u>。

【初 189-6】给

形式：给＋我＋动词（词组）/形容词词组

意义：表示说话人强烈的语气，有"我命令你做什么或怎么做"的意思。

用法：用于命令句。

例句：

你<u>给我滚</u>!

<u>给我跑快点儿</u>!

<u>给我认真点儿</u>!

【初 190-1】对

形式： 对 + 名词（词组）/ 代词 + 动词（词组）

意义： 引进动作行为针对的对象。

用法： 动作行为针对的对象可以是人，也可以是事物。动词可以是不及物
的，也可以是及物的，及物的动词往往带有宾语。有时候，"对"的
宾语又是动词的受事，这时动词后不再带宾语。如果需要强调针对的
对象，可以把"对 + 宾语"放在主语的前面。

例句：

他对我笑了笑。

你对他说什么了？他很生气。

我对这件事有意见。

对这件事，我有意见。

对这个问题，还要再想想。

【初 190-2】对

形式： 对 + 名词（词组）/ 代词 + 形容词 / 心理动词

意义： 引进情感态度针对的对象。

用法： 情感态度是外向的，要和外在的对象有关系。

例句：

朋友对我很热情。

时间对每个人都一样。

玛丽对京剧感兴趣。

我对他完全信任。

老师对大家很关心。

【初 191】对于

形式： 对于 + 名词（词组）/ 动词（词组），主语 + 谓语

意义： 引进、强调谈论的对象。

用法："对于"引进的话题，可以是动作行为的受事，也可以是谈论关涉的
　　　　相关对象或事情。可以替换为"对"。

例句：

对于过去，我们不能忘记。

对于学习汉语，您有什么建议？

对于工作，他从来不马虎。

【初 192-1】跟

形式：A＋跟＋B＋动词（词组）

意义：引进动作行为的配合对象。

用法：动词为对称性动词，常见的有：交流、聊天儿、讨论、结婚、离婚、
　　　　见面、解释等，A 为主动发起的一方，B 为协同配合的一方。否定词
　　　　在"跟……"的前边。

例句：

我跟妈妈聊了一会儿天儿。

妈妈跟我聊了一会儿天儿。

他不跟我解释。

他没跟我解释。

【初 192-2】跟

形式：A＋跟＋B＋动词（词组）

意义：引进来源，表示 A 从 B 处获得某事物。

用法：否定词在"跟……"的前边。

例句：

李明跟张老师学汉语。

张华跟朋友借了一本书。

李明没跟张老师学汉语。

我不跟朋友借钱。

【初 192-3】跟

形式： A＋跟＋B＋动词（词组）

意义： 表示跟随某人一起做某事。

用法： A 参与到 B 的事情中。否定词在"跟……"的前边。

例句：

他最近跟父母住。

我跟王明去买书。

他最近没跟父母住。

我不跟王明去买书。

【初 192-4】跟

形式： A＋跟＋B＋动词＋宾语

意义： 引进某事的参与对象。

用法： 动词带有宾语，A 为主动者，B 为参与者。否定词在"跟……"的前边。

例句：

我跟你说一句话。

李明跟大家开了一个玩笑。

他常常跟我发火。

我不跟你说话。

他没跟你开玩笑！

【初 192-5】跟

形式： A＋跟＋B＋有（没）关系

意义： 引进关系中的一方。

用法： A、B 可以互换位置，但着眼点不一样。

例句：

这件事跟李华有关系。

李华跟这件事没关系。

【初 192-6】跟

形式：A 跟 B ＋一样

参见：

【初 125-1】–【初 125-3】等比

【初 193-1】由

形式：由＋名词（词组）/ 代词＋动词（词组）

意义：引入负责人。

用法：重音在介词后面的名词或代词上。主语往往是受事。受事也可以出现
在动词后。

例句：

这首歌由王丽演唱。

教室由谁来打扫?

这个学期由王老师上语法课。

【初 193-2】由

形式：A 由 B＋组成（构成）

意义：引入构成的对象。

用法：动词后不能带宾语。

例句：

这个字由几个笔画组成?

物质是由原子构成的。

【初 194-1】连

形式：连 + 名词（词组）/ 代词 + 数量词组

意义：引入计算数量时应该包括的对象。

用法：主要用于答话。句子中必须有数量词组。

例句：

A：你一个星期多少节课？

B：连汉字课一共十节课。

A：这次休息几天？

B：连今天一共一个星期。

A：多少人考上了大学？

B：连他十个人。

【初 194-2】连

形式：连 + 名词词组，主语 + 动词 + 数量词组

意义：引入计算数量时应该包括的对象。

用法："连 + 名词词组"用在句首做状语，其中的名词词组所指是确定的。
　　　　句子中必须有数量词组。

例句：

连这条裙子，姐姐一共买了三件衣服。

连上个周末，我们已经工作了十多天。

【初 194-3】连

形式：连 + 名词词组 + 动词（词组）

意义：引入某事时不排除有关联的某对象。

用法：名词词组往往是动词的受事，句子不包含数量词组。

例句：

香蕉不能<u>连皮吃</u>。

<u>连返程票一起买</u>，这样方便。

【初 194-4】连

形式： 连＋名词（词组）/ 代词＋也 / 都＋动词词组

意义： 引入出现概率极低、本应排除在外却仍然出现的对象。

用法： 用来表示强调。名词词组如果受数量词修饰，数词只能是"一"。动词词组多用否定形式，也可以是肯定形式。

例句：

今天太忙了，一个上午<u>连一口水也没喝</u>。

教室里很安静，<u>连一点儿声音都没有</u>。

<u>连你也不相信我</u>，谁还会相信我呢？

这球太漂亮了，<u>连比赛对手都伸出了大拇指</u>。

他<u>连十几年前的事情都记得清清楚楚</u>。

【初 195-1】除了

形式： 除了……（以外），主语＋都＋（肯定的）动词词组 / 形容词词组

意义： 引入所述内容中没有包括在内的对象。

用法： 用来强调所述对象的一致性。"除了"后可以是名词词组，也可以是动词词组、形容词词组或主谓词组。

例句：

<u>除了周末</u>，我每天都上班。

<u>除了下雨</u>，他每天都坚持跑步。

<u>除了贵了一点儿</u>，别的我都满意。

<u>除了小明没到</u>，大家都到了。

【初 195-2】除了

形式： 除了……（以外），主语 + 都 +（否定的）动词词组 / 形容词词组

意义： 引入所述内容中例外的对象。

用法： 用来强调所述对象的特殊性。"除了"后可以是名词词组，也可以是动词词组、形容词词组或主谓词组。

例句：

除了这个字，别的字都不认识。

除了睡了一大觉，周末什么都没做。

除了便宜，什么都不好。

除了你去了，别人都没去。

【初 195-3】除了

形式： 除了……（以外），主语 + 还 + 动词词组 / 形容词词组

意义： 引入所述内容中已知的对象。

用法： 用来强调在已知所述对象的基础上补充新的内容。"除了"后可以是名词词组，也可以是动词词组、形容词词组或主谓词组。主语可以放在"除了……"前。

例句：

除了汉语课，我还要上历史课。

除了去超市买了菜，小明还去取了个快递。

这里的夏天，除了热，还很潮湿。

我除了头痛，还有点儿咳嗽。

【初 195-4】除了

形式： 除了……（以外），主语 + 也 + 动词词组 / 形容词词组

意义： 引入所述内容中已知的对象。

用法： 用来强调在已知所述对象的基础上补充类似或相对的内容。"除了"后可以是名词词组，也可以是动词词组、形容词词组或主谓词组。主语可以放在"除了……"前。

例句：

除了星期一，星期三也有汉语课。

他除了是位好老师，也是一位好朋友。

除了质量不好，价格也很贵。

望着孩子登上火车，她除了高兴，也有点儿难过。

【初 196】比

参见：

【初 124-1】–【初 124-6】差比

【初 197】把

参见：

【初 108-1】–【初 108-3】主动

【初 198】被

参见：

【初 107-2】–【初 107-3】被动

3. 方向的引介

介词"朝""向""往"的基本作用是引介动作行为的方向，在此基础上，引申出引介指向目标、指向对象的意思。"朝""向"主要和面对有关，"往"常常和位移有关。

【初 199-1】朝 / 向

形式：朝 / 向 ＋ 方位词 / 处所词 ＋ 动词（词组）

意义：引进动作行为的方向或目的地。

用法："朝＋方位词"用在动词前，不用在动词后。

例句：

河水<u>朝（向）</u>东流去。

<u>朝（向）</u>南开一个窗户。

她<u>朝（向）</u>窗外看了看。

他<u>朝（向）</u>学校走去。

【初 199-2】朝 / 向

形式：朝 / 向＋抽象名词＋动词（词组）

意义：引进指引发展、前进的方向、目标。

用法：较为书面。"朝"后经常加"着"。

例句：

让我们<u>朝（向）</u>着梦想走下去。

未来会<u>朝（向）</u>着什么方向发展呢？

我们应该<u>朝（向）</u>着解决问题的方向前进。

【初 199-3】朝 / 向

形式：朝 / 向＋具体名词 / 代词＋动词（词组）

意义：引进动作行为发出时面对的对象。

用法：指向"名词 / 代词"所指对象的所在位置。

例句：

我<u>朝（向）</u>朋友笑了笑。

孩子们<u>朝（向）</u>国旗敬礼。

小狗<u>朝（向）</u>我摇尾巴。

【初 200-1】向

形式：向＋指人的名词 / 人称代词＋动词

意义：引进动作行为指向的目标对象。

用法：动词一般不表示具体的动作行为。

例句：

我要向优秀的同学学习。

演员们向热情的观众表示感谢。

如果有问题，请向工作人员反映。

我向你保证，以后不再迟到。

你应该向大家道歉！

【初200-2】向

形式： 单音节动词＋向＋名词（词组）/处所词/形容词/动词/数量词

意义： 表示动作行为到达的时空位置或比喻事情、性质、数量等发展的方向。

用法： 动词为单音节动词，常用的有"走、奔、飞、流"等表示"移动"意义的动词。"了"要加在"向"后。书面色彩较重。

例句：

一架飞机飞向蓝天。

让我们一起走向未来。

人类已经奔向了遥远的太空。

这家公司正在走向成功。

一片片森林走向死亡。

当你走向40岁，你会明白很多道理。

【初201】往

形式： 往＋方位词/处所词＋动词（词组）

意义： 引进动作行为的方向或目的地。

用法： 表示某对象面对某个方向移动时，"往""向""朝"可以替换。只表示某对象移动而没有面对的意思时，只能用"往"。

例句：

请往（向/朝）右走两步。

太高了，我不敢往（向／朝）下看。

人往高处走，水往低处流。

往上数，我爸爸、我爷爷，他们都住这儿。

他往咖啡里加了一块儿糖。

他每个月都要往家里打一笔钱。

4. 原因、目的的引介

介词"为"和"替"常常用来引进原因或目的，"为"和"替"还可以引进动作行为的对象。

【初 202-1】为（wèi）

形式：主语＋为＋名词（词组）／代词＋动词（词组）／形容词（词组）

意义：引入原因，表示因为某人或某事而做什么或怎么样。

用法："为……"用在主语后面做状语。

例句：

观众为精彩的比赛热烈地鼓掌！

来，喝杯水！别为这点儿小事发火！

你做到了！太棒了！大家都为你骄傲！

他们为这件事忙了一个星期。

【初 202-2】为（wèi）

形式：为（了）……，主语＋动词（词组）

意义：引入目的，表示在某目的的引导下做什么。

用法："为"后可以是名词（词组）、动词（词组）或主谓词组，"为"后可加"了"。"为了……"经常放在句首做状语。

例句：

<u>为美好的未来努力工作</u>！

学校要<u>为学生成长创造</u>条件。

<u>为（了）早点儿起床</u>，他上了闹钟。

<u>为（了）工作方便</u>，他买了一个电脑。

【初 202-3】为（wèi）

形式： 主语 + 为……+ 动词（词组）/ 形容词

意义： 引入目的，兼表受益对象。

用法： "为"后可以是名词、代词（受益者）或动词。"为……"引入的受益　　对象可以是某人，也可以是某事。

例句：

老师<u>为我写</u>了一封推荐信。

妈妈<u>为客人准备</u>了一桌子菜。

图书馆<u>为学习提供</u>了良好的环境。

<u>为你好</u>，我才这么说。

【初 203】替

形式： A 替 B + 形容词

意义： 表示 A 因为 B 的表现而觉得怎么样。

用法： 常见的形容词有：着急、难过、高兴、激动、脸红等。

例句：

他半天说不出话来，我真<u>替他着急</u>！

你唱得太棒了！真<u>替你高兴</u>！

5. 工具的引介

　　介词"用"的基本作用是引介动作行为的工具，由此引申出引介动作行为所凭借的方式、态度和时间等用法。

【初204-1】用

形式：用 + 名词（词组）+ 动词（词组）

意义：引进做某事的工具。

用法："用 + 名词（词组）"主要用作状语。动词往往表示具体的动作行为。

例句：

王丽用毛笔画了一朵花。

小心，不要用手摸！

李华用泥捏了几个泥人。

【初204-2】用

形式：用 + 名词词组 + 动词（词组）

意义：引进做某事的态度、方式。

用法："用 + 名词词组"主要用作状语。常见的名词有：态度、语气、方式、方法、立场、观点、标准、理论等，名词前一般要有修饰语。动词往往不表示具体的动作行为。

例句：

记者要用客观的态度报道新闻。

老师用妈妈的语气讲故事。

大家用各种方法帮我。

李明用严格的标准要求自己。

【初204-3】用

形式： 用＋时间词语＋动词（词组）

意义： 引进做某事的时间。

用法： "用＋时间词语"主要用作状语。

例句：

李华用四个小时跑完了马拉松。

王丽用半年时间研究了这个问题。

6. 依据的引介

说话做事要有理有据，介词"根据""按照""趁"等常常用来引进说话、做事的依据、标准、条件、时机等。

【初205-1】根据

形式： 根据＋动词，主语＋谓语

意义： 引入句子所表达信息的来源。

用法： "根据＋动词"常常用在句首做状语，所限定的句子陈述基于这一信息的某一事实。其中，"根据"后的动词不能带宾语，但可以有表示施事的名词，说成"名词（施事）＋的＋动词"。

例句：

根据安排，考试在下周举行。

根据调查，小学老师每周工作时间长达50多个小时。

根据专家的研究，睡眠不好会影响人们的健康。

【初205-2】根据

形式： 主语（施事）＋根据＋名词（词组）＋动词词组

意义： 引入做事遵循的前提条件。

用法："根据 + 名词（词组）"常常在句中做状语，有强调"在某条件下做
某事"的意思。如果主语不是施事，"根据 + 名词（词组）"一般放
在句首做状语。

例句：

大学<u>根据学习成绩</u>录取学生。

家长应该<u>根据孩子的心理</u>和孩子交流。

<u>根据国际规则</u>，1000 米以下的海洋叫深海。

<u>根据法律</u>，香烟不能做广告。

【初 206-1】按照

形式：主语 + 按照 + 名词（词组）/动词（词组）/主谓词组 + 动词词组

意义：表示做某事的依据。

用法：常见的名词有：法律、政策、方针、规定、原则、方式、计划、要
求、情况、问题、时间、顺序、特点、兴趣、爱好等。"动词（词组）/
主谓词组"多用来表示具体的情况或方式。

例句：

大家要<u>按照要求</u>完成作业。

你<u>按照老师指出的问题</u>进行修改。

同学们<u>按照自己的兴趣</u>选好了课程。

室外比赛要考虑天气，我们<u>按照明天下雨</u>来准备比赛。

你<u>按照他们完全听不懂汉语</u>来备课。

<u>按照成绩高低</u>排列顺序。

<u>按照 1 本 50 元计算</u>，一共需要 500 元。

【初 206-2】按照

形式：按照 + 名词（词组），主语 + 动词词组

意义：表示做出判断的依据。

用法：用来强调判断是有依据的。常见的名词有：观念、说法、道理、规
律、条件、日程等。

例句：

按照传统观念，人们都要回家过年。

按照你的说法，大家都可以随便迟到。

按照现在的条件，这项任务无法完成。

按照比赛日程，运动员明天休息。

【初 207】趁

形式：趁 + 名词（词组）/ 形容词 / 动词词组 / 主谓词组 + 动词词组

意义：表示做某事的有利时间，相当于"……的时候"。

用法："趁"后常加"着"。"趁……"常放在句首。

例句：

我趁周末去洗了一下车。

趁着好天气，咱们去爬山吧。

趁热吃，凉了就不好吃了。

趁着年轻多努力！

我趁着放假回家看妈妈。

趁着打折，妈妈买了很多日用品。

趁着孩子睡觉，妈妈洗了几件衣服。

趁着暑假还没过去，我赶紧去看几场球赛。

7. 话题内容的引介

人们在发表意见、看法时，要有针对性。介词"就"常常用来引进表达意见、看法时针对的内容。

【初 208-1】就

形式：主语 + 就 + 名词（词组）+ 动词（词组）

意义：表示动作行为涉及的有关内容。

用法：常用的动词有：提（意见）、讲、讨论、说明、总结、解释、调查、研究等。

例句：

大家就工作计划提了一些意见。

老师就作业的问题讲了一节课。

这篇新闻报道就环境问题进行了调查。

【初 208-2】就

形式：就 + 名词（词组）+ 来说 / 来看，（主语 +）谓语

意义：表示发表意见针对的话题。

用法：多用来比较。用在句首做状语。

例句：

就工作经验来说，他比别人丰富一些。

就交通来说，是不太方便；就环境来说，却十分优美。

就价格来看，贵了一点儿；但就质量来看，确实没说的。

第十三章　助词与句子的表达

1. 结构助词与修饰、状态、程度、可能的表达

结构助词主要成员为"的、地、得"，它们在口语中的读音是一样的，都读作轻声"de"，但用法不一样。"的"主要附加在某些词或词组后面构成"的"字词组，"的"字词组既可以放在名词前做定语，用来修饰名词，也往往可以代替被修饰的名词，用来指代事物。"地"主要附加在某些词或词组的后面，一起放在动词、形容词前面做状语，用来修饰动词、形容词。"得"附加在动词、形容词后面，表示它后面的词或词组是前面动词或形容词的补语，用来表示状态、程度或可能。

结构助词"的"的具体用法参见：

【初007-2】主语（指代的对象）

【初009-1】名词性宾语

【初011】定语（限定、描写对象）

【初013】名词做定语表领属

【初014-1】-【初014-2】代词做定语表领属

【初018】区别词"所有"表指称

【初021-1】-【初021-6】名词的限定

【初022-1】-【初022-2】名词的描写

【初023-1】-【初023-5】名词的两项修饰语

【初024-1】-【初024-2】名词的三项修饰语

【初040-2】数量词组重叠

【初071-1】-【初071-2】处所词与空间位置的表达

【初 072】处所词与空间范围的表达

【初 073】处所词与数量的表达

【初 120】高程度的表达

【初 121】极高程度的表达

【初 133-1】-【初 133-2】、【初 133-4】形容词的重叠

【初 135-1】-【初 135-2】区别词做定语

【初 136】区别词指称类别

【初 146-3】代称处所

【初 151-2】指代性状

【初 152-4】问人（"谁"做定语）

【初 154】问属性（"什么"做定语）

【初 156-3】问处所（"哪里 / 哪儿"做定语）

【初 160】问性质状态（"怎样 / 怎么样"做定语）

结构助词"地"的具体用法参见：

【初 012】状语（限定、描写动作行为）

【初 040-1】数量词组重叠

【初 115-1】-【初 115-7】动词单项修饰语

【初 120】高程度的表达

【初 121】极高程度的表达

【初 133-3】形容词的重叠

结构助词"得"的具体用法参见：

【初 010-3】补语（可能）

【初 010-4】补语（状态）

【初 010-6】补语（程度）

【初 094-1】-【初 094-2】状态补语

【初 095-1】-【初 095-2】可能补语

2. 动态助词与事件、属性状态的表达

　　动态助词主要成员为"了、着、过"，它们在句子中都读轻声。"了、着、过"主要附着在动词后表示事件的进展状态，也可以附着在形容词后表示属性的变化状态。为了与语气词"了₂"互相区别，动态助词"了"通常标记为"了₁"。

　　动态助词"了₁"的具体用法参见：

【初 075】隐现句

【初 096-2】-【初 096-3】、【初 096-5】时量补语

【初 097-1】-【初 097-2】动量补语

【初 111-1】-【初 111-7】完成态

【初 132】形容词的时量表达

【初 134-2】性质的否定

【初 167-1】-【初 167-2】已然

【初 170-4】持久

【初 172-3】先后、同时

【初 173-1】重复

【初 173-3】重复

【初 179-2】没（有）

【初 184-2】在

【初 200-2】向

【初 249-2】表示发生、出现

【初 250-1】表示行为顺序

　　动态助词"着"的具体用法参见：

【初 074-3】存在句

【初 109-2】进行体

【初 110-1】–【初 110-4】持续态（动词）

【初 129-1】–【初 129-2】持续态（形容词）

【初 199-2】朝 / 向

【初 207】趁

【初 250-2】表示行为方式

动态助词"过"的具体用法参见：

【初 096-4】时量补语

【初 097-3】动量补语

【初 112】经验态（动词）

【初 128】经验态（形容词）

【初 132】形容词的时量表达

【初 134-2】性质的否定

【初 167-4】–【初 167-5】已然

【初 179-2】没（有）

第十四章　语气词与句子的表达

1. 信疑态度的表达

　　人们在施行言语行为时往往有不同的心理状态，有时候心中有疑，有时候心中无疑，有时候介于疑信之间，语气词"吗""的""吧"分别用来表达说话人的这些信疑态度。"吗""的""吧"有自己核心的语气意义，与具体的言语行为及语言环境结合后，会产生较为丰富的变化。

【初 209-1】怀疑的态度：吗

形式：肯定形式是非问句＋吗

意义：心中有疑而提问。

用法：用肯定形式的"吗"字是非问句提问时，如果问话人对答案没有预设，那么提问是中性的，目的是寻求需要的信息；如果问话人对答案有预设，提问时往往表示怀疑，目的在于消除心中的疑问。

例句：

A：请问您有时间<u>吗</u>?

B：有，什么事?

A：假期有什么打算?

B：先预习预习下学期的课程，然后多弹弹琴。写写画画也少不了。对了，还要多学几道菜!

A：那你还有时间玩儿<u>吗</u>?

B：我也不知道。

【初 209-2】怀疑的态度：吗

形式： 否定形式是非问句＋吗

意义： 为了排除怀疑而提问。

用法： 用否定形式的"吗"字是非问句提问时，说话人预设着肯定的答案，提问多是为了澄清怀疑，请听话人加以确认。

例句：

今天星期三，你不是有课<u>吗</u>？

你脸色不太好，昨天晚上没睡好<u>吗</u>？

【初 209-3】怀疑的态度：吗

形式： 反问句句末＋吗

意义： 无疑而问，表示质疑、质问或责备等态度。

用法： 句子的形式是肯定的，意思是否定的；句子的形式是否定的，意思是肯定的。常与"难道"呼应使用，表达强烈的质问或责备。

例句：

努力和不努力能一样<u>吗</u>？

这种小小的幸福就够了<u>吗</u>？

难道我不怕<u>吗</u>？我也怕！

你难道就不能认真一点儿<u>吗</u>？

【初 210-1】肯定的态度：的

形式： 陈述句＋的

意义： 表示对某事肯定的态度。

用法： 针对对方的表述，说话者往往用"的"来强化事实、澄清真相、解释原因、坚定承诺等，表示一定如此。

例句：

A：我可以吸烟吗？

B：对不起，这里<u>不能吸烟的</u>。

A：这个词你肯定不认识。

B：我认识<u>的</u>，昨天刚学过。

A：明天早点儿来！

B：放心，我不会迟到<u>的</u>。

【初210-2】肯定的态度：的

形式：陈述句＋的

意 义：表示对某一焦点信息的肯定态度。

用 法：只能用于已然的陈述句。交际双方均已注意到某事并针对某一焦点进行交流，强调是此非彼。此焦点需重读。

例句：

A：李华呢？

B：李华回国了。

A：<u>什么时候</u>回去<u>的</u>？

B：<u>昨天</u>回去<u>的</u>。

A：妈妈怎么哭了？<u>谁</u>惹妈妈生气<u>的</u>？

B：那还用说，<u>爸爸</u>气<u>的</u>。

【初210-3】肯定的态度：的

形式：主语＋谓语动词＋的＋宾语

意 义：参见【初210-2】。

用 法：参见【初210-2】。宾语可以不说。

例句：

A：<u>谁</u>打<u>的</u>电话？

B：<u>我</u>打<u>的</u>。

A：小明今年考大学吧?

B：不是，他是<u>去年考的</u>大学。

A：你怎么认识他的?

B：他在图书馆工作，我在<u>图书馆认识的</u>他。

【初 211-1】不肯定的态度：吧

形式： 祈使句 + 吧

意义： 表示说话人礼貌温和的态度。

用法： 句末带 "吧" 的祈使句，主要用来建议或请求。这一建议或请求是温和而礼貌的。

例句：

时间不早了，我送你回家<u>吧</u>!

时间不早了，你陪我回家<u>吧</u>!

【初 211-2】不肯定的态度：吧

形式： 是非疑问句 + 吧

意义： 表示说话人信中有疑的态度。

用法： 句末带 "吧" 的是非疑问句主要用来猜测，并期待听话人对猜测予以确认。

例句：

天亮了<u>吧</u>?

今天是妈妈的生日，你没忘<u>吧</u>?

【初 211-3】不肯定的态度：吧

形式： 陈述句 + 吧

意义： 表示说话人不敢完全肯定的态度。

用法： 句末带 "吧" 的陈述句，主要用于推断，强调某一推断有一定依据但没有完全的把握。经常和"大概、也许、可能、好像"等呼应使用。

例句：

这大概就是生活吧。

我也许有些紧张吧。

可能我做得还不够好吧。

他好像是这么说的吧。

2. 强调态度的表达

人们在施行言语行为时往往有所强调，说话人有时候需要添显说话的用意，有时候需要特别关注某个事实，有时候需要突显事态的变化，语气词"啊""呢""了"分别用来表达说话人的这些强调态度。其中，"啊"的核心语气意义是"添显"，"呢"的核心语气意义是"关注"，它们与具体的言语行为及语言环境结合后，也会产生较为丰富的变化。"了"的核心语气意义是强调"变化"，即通常所说的"出现新情况"。为了与动态助词"了"互相区别，语气词"了"通常标记为"了₂"。

【初 212-1】添显的态度：啊

形式：应答的陈述句 ＋ 啊

意义：表示事情是显而易见的。

用法：说话者可以用各种问句来提问，答话人针对问题进行回答。可以不用"啊"，但用了"啊"以后，有了"事情显而易见，这还用问？"的意思。

例句：

A：您是张老师吗？

B：是啊，您是哪位？

A：杯子是你打碎的吧？

B：我<u>可</u>没打<u>啊</u>，是小猫打碎的。

A：你能不能帮帮我？

B：当然<u>可</u>以<u>啊</u>。

A：你不饿吗？

B：<u>不</u>饿<u>啊</u>！我刚吃了一个苹果。

A：这是谁的书包？

B：<u>我的啊</u>，这儿不就咱俩吗？

A：你怎么不买这本书？

B：我已经<u>买了啊</u>！

A：你去不去呢？

B：<u>去啊</u>，昨天就说好了。

A：星期一考试还是星期二考试？

B：<u>星期二啊</u>，老师昨天刚通知的。

【初 212-2】添显的态度：啊

形式： 叙述的陈述句＋啊

意义： 表示强化某种情感色彩。

用法： "啊"本身不具有固定的情感色彩。在不同的语境中，句子表达的情感色彩不同，"啊"的作用在于增强这种情感色彩，有夸张、感叹的意思。

例句：

我真笨！原来这个词是这个意思啊！

这么多工作，没时间了，等不起啊！

你误会了，我是想帮你啊！

总靠别人帮助，不是个事儿啊。得靠自己！

这个工作是苦一点儿、累一点儿，可总是要有人去做啊！

【初 212-3】添显的态度：啊

形式：感叹句＋啊

意义：表示强烈的情感。

用法："啊"经常与"真""多""多么""好"搭配使用。

例句：

我真是高兴啊！

这牛，这狗，画得多像啊！

他的工作多么了不起啊！

好大一条鱼啊！

【初 212-4】添显的态度：啊

形式：祈使句＋啊

意义：表示提醒。

用法：祈使句中"啊"可以不用，但如果说话人担心听话人施行某行为或者不施行某行为时，往往使用"啊"来"提醒"听话人。如果祈使句表示请求、建议，用"啊"后多了关心、嘱咐的意思；如果祈使句表示命令，用"啊"后多了催促、警告的意思。

例句：

A：好像要下雨了！

B：比赛就要开始了，千万别下雨啊！

A：妈妈，我困了。

B：宝贝，马上到家了，到家再睡啊。

A：迟到就不能考了，你可别迟到啊！

B：放心吧！一定提前到！

（A看到房子着火了）

A：大家快来救火啊！

（B在哭）

A：怎么了？

（B不说话）

A：究竟怎么了？你说啊！

【初212-5】添显的态度：啊

形式：特指问／正反问／选择问＋啊

意义：表示积极或消极的发问态度。

用法："啊"可用可不用。用"啊"以后，如果句末用升调，发问的态度比较积极，有轻松随意的意思；如果用降调，发问的态度比较消极，有不满、不耐烦的意思。

例句：

什么时候下班啊？（升调）一起去吃饭吧。

都八点了，什么时候下班啊？（降调）

累不累啊？（升调）休息一下。

累不累啊？（降调）整天忙来忙去！

怎么回事啊？（降调）怎么又迟到了！

这件衣服你是穿还是不穿啊？（降调）怎么到处乱放？

糟糕，车票丢了，这可怎么办啊？（降调）

【初 212-6】添显的态度：啊

形式：陈述形式的问句＋啊

意义：表示引起注意的发问态度。

用法：问的是显而易见的事情，句末用降调，经常有略感吃惊并请对方确认的意思。有时单纯用来问候，有轻松随意的意思，并没有出乎意料的意思。

例句：

都八点了，还不起床啊？！

张老师，您在忙啊？我能不能问您一个问题？

A：你们去哪儿了？

B：你不知道啊？！今天有演唱会。

（A看见B锻炼身体，A跟B打招呼）

A：锻炼身体啊？

B：是呀！您出去啊？

A：去买点儿东西。

（老师看见小朋友）

A：小朋友，你好啊？

B：老师，您好！

【初 213-1】特别关注的态度：呢

形式：特指问、正反问、选择问＋呢

意义：表示特别想知道答案。

用法："呢"本身不构成疑问句，这些问句中"呢"可用可不用。"呢"问句不做始发句，只做后续句，它是由上文所述的事情、问题、疑惑，甚至困难而引发的。注意："呢"不用于是非问句。

例句：

这个寒假，小学生明明忙得"像只小蜜蜂"。有多忙呢？上午是学习时间，下午是自由活动时间，读书、游戏、打羽毛球，有时还会去游泳。

这么好吃的东西，你怎么不吃呢？

妈妈说这么好，爸爸说那么好，我该怎么办呢？

有人问我，你汉语说得这么好，为什么还要到中国留学呢？

汉字是不太好学，那么，有没有一个好方法呢？

【初 213-2】特别关注的态度：呢

形式： 名词性成分 + 呢

意义： 表示承接上文（或语境），特别针对某一点来提问。

用法： "呢"前可以是名词，也可以是代词，还可以是各类名词性词组。具体提问的内容根据上文来确定，有时问"在哪儿"，有时问"做什么"，有时问"怎么样"。

例句：

我去北京，你呢？

上次考试有点儿难，这次呢？

红的很甜，绿的呢？

（A 在找手机）

A：我的手机呢？

【初 213-3】特别关注的态度：呢

形式： 反问句 + 呢

意义： 表示特别肯定或否定某事实。

用法： 承接上文，不做始发句。句子的形式是肯定的，意思是否定的；句子的形式是否定的，意思是肯定的。

例句：

你不练习，怎么能学会呢？

这么可爱的小狗，谁不喜欢呢？

我的工作虽然累一点儿，但和大家比起来又算得了什么呢？

【初 213-4】特别关注的态度：呢

形式： 陈述句＋呢

意义： 表示特别关注某事实。

用法： 如果某一事实特别能说明说话的主旨，说话人可以用"呢"字句来突
出这一事实，以达到引起关注、增强说服力的目的。"呢"字句不做
始发句，只做后续句，它是承接上文而言的。在对话中"呢"字句有
时可做始发句，但也是承接语境中的某一事实而言的。

例句：

这儿的鸟可多了，不下 200 种呢！

如果不是您讲得清楚，说不定我现在还糊里糊涂呢！

我一直喜爱滑雪。小时候，我还不会滑雪呢，就买了一副滑雪板。

（老师傅是看海人）

A：老师傅，下雨了，应该没有人下海游泳了吧？早点儿回家吧。

B：现在还不行。您可不知道，有人还特别喜欢小雨中下海游泳呢。

（A 看见 B 还在工作）

A：还没下班呢！

B：是呀，今天得加个班。

【初 213-5】特别关注的态度：呢

形式： 正／在／正在……呢

意义： 表示特别关注某一时刻事情持续的状态。

用法：如果某事持续的状态与另外一事在某一时刻密切相关（巧合或冲突），
　　　　说话人可以用"呢"字句来突出这一状态的影响。多用来解释。常和
　　　　"正、在、正在"或"着"呼应。

例句：

快进来，外面下着雨呢！

别吵，爸爸在睡觉呢！

你来得正好，我正要去找你呢。

今天真倒霉！正在考试呢，忽然就停电了！

（几个人在树林中行走。突然，一个人发现一条蛇，他悄悄对另一个人说。）

A：有蛇！

B：别慌，我们走我们的，小蛇只是在晒太阳呢。

【初 214-1】突显变化的态度：了₂

形式：动词 +（宾语 +）了₂

意义：表示一件事情在某一时点开始，且说话人把这件事作为一种新出现的
　　　　情况告诉听话人。

用法：这一时点可以是现在、过去或将来。在语境清晰的条件下，宾语可以
　　　　省略；如果是不及物动词，其表达形式是"动词 + 了₂"。

例句：

下雨了，收衣服了！

吃饭了！

我昨天去超市了。

他已经上大学了。

快放假了！

她马上就要当妈妈了。

A：下雨了吗？

B：下了。

A：什么时候放假？

B：已经放了。

她不哭了。

演出开始了。

时间不早了，该休息了。

到了！到了！稍等一会儿！

【初214-2】突显变化的态度：了₂

形式： 能愿动词＋动词＋宾语＋了₂

意义： 表示某种可能性或某种意愿作为新情况出现。

用法： 在语境清晰的条件下，宾语可以省略。

例句：

他会写汉字了。

他会写了。

飞机应该到南京了。

飞机应该到了。

她愿意去公园了。

她愿意去了。

【初214-3】突显变化的态度：了₂

形式： 形容词＋了₂

意义： 表示说话人把某一性质作为一种新变化告诉听话人。

用法： "新变化"一般着眼于现在，有变化已经完成的意思；"新变化"也可以着眼于将来，这时，变化尚未完成。"形容词＋了₂"除了做谓语外，还经常用作结果补语。

例句:

菜凉<u>了</u>,热热再吃。

冬天来了,蔬菜贵<u>了</u>。

今天有点儿冷,过两天就热<u>了</u>。

现在不懂,以后慢慢就懂<u>了</u>。

衣服洗干净<u>了</u>。

这双鞋买小<u>了</u>。

【初 214-4】突显变化的态度:了$_2$

形式: 数量词组 + 了$_2$

意义: 表示在某一时点开始达到某一数量。

用法: 多用来表示年龄、时间、重量等的变化,这种变化往往有某种特殊的意义。

例句:

他都 <u>30 岁了</u>,还像个孩子一样。

已经 <u>12 点了</u>,快休息吧!

第十五章　叹词与句子的表达

叹词都是独立使用的。叹词不仅用来表达情感、情绪，也承担着独特的交际功能，如表示呼叫、应答、同意、追问等。

1. 单韵母叹词与表达

【初 215】啊（ā）

形　式："啊（ā）"独立使用

意　义：表示惊异或赞叹。

用　法：用在感叹句前。当惊异或赞叹时，可以先发出长而响亮的"啊（ā）"，然后再说出具体的句子。

例句：

啊（ā）！下雪了！

啊（ā）！他跳得太棒了！

【初 216】啊（á）

形　式："啊（á）"独立使用

意　义：表示追问。

用　法：用在问句前。如果没有听清楚或需要进一步确认问题，可以在先说"啊（á）"，然后再说问句。

例句：

A：……

B：啊（á）？你说什么？

A：去不去看电影？

B：……

A：啊（á）？你到底去不去呀？

【初217】啊（ǎ）

形式："啊（ǎ）"独立使用

意义：表示惊疑。

用法：多用在感叹句、疑问句或情感比较浓厚的陈述句前。如果觉得出乎意料，难以相信，可以先说"啊（ǎ）"，然后再说具体的事情。

例句：

A：这支笔多少钱？

B：50块。

A：啊（ǎ），这么贵呀！

A：时间差不多了，该出发了！

B：我不去了！

A：啊（ǎ），说得好好的，怎么不去了？

A：喂，在哪儿呢？大家都在等你呢！

B：我在睡觉呢！

A：啊（ǎ），现在都十点了，你还在睡觉呀！

【初218-1】啊（à）

形式："啊（à）"独立使用

意义：表示忽然明白，有惊喜的意思。

用法：用在情感比较浓厚的陈述句前。如果开始的时候不明白，后来一下子明白过来，可以先说发音比较长的"啊（à）"，然后再说具体的事情。

例句：

A：李东，你好！

B：您是……

A：我是王丽！你不认识我了？

B：<u>啊</u>（à），原来是你呀！

A：老师，"爱好"的"好"为什么不读"hǎo"呢？

B："好"是多音字，在"爱好"中读"hào"，是"喜爱"的意思。

A：<u>啊</u>（à），我明白了！

【初218-2】啊（à）

形式："啊（à）"独立使用

意义：表示知道了。

用法：回应别人的话语时，如果没有不同的意见，可以先说发音比较短的
"啊（à）"，然后再说具体的意见。

例句：

A：我明天再去吧！

B：<u>啊</u>（à），好的。

A：您看这么做可以吗？

B：<u>啊</u>（à），就这样吧。

【初218-3】啊（à）

形式："啊（à）"独立使用

意义：表示赞美。

用法：用在感叹句前，发音较长。多用于正式的朗诵。

例句：

<u>啊</u>（à），美丽的春天！

【初 219】哦（ó）

形式："哦（ó）"独立使用

意义：表示将信将疑。

用法：如果觉得有些出乎意料，不太肯定，可以先说"哦（ó）"，然后具体
　　　　说明。

例句：

A：妈妈，我想去滑雪！

B：哦（ó），你不害怕吗？

A：这条裙子多少钱？

B：100 多块。

A：哦（ó），这么便宜啊！

【初 220】哦（ò）

形式："哦（ò）"独立使用

意义：表示醒悟。

用法：如果消除了心中某个疑问，找到了问题的答案，可以先说"哦（ò）"，
　　　　接着具体说明。

例句：

A：再想想，你忘拿什么了？

B：都拿了啊！哦（ò），是机票！

A：你多大了？

B：35 岁了！

A：哦（ò），已经 35 岁了！

2. 复韵母叹词与表达

【初 221-1】哎（āi）

形式： "哎（āi）"独立使用

意义： 表示惊讶或不满。

用法： 用来表达吃惊或不满的情绪，可以先说"哎（āi）"，然后再说让人吃惊或不满的人或事。

例句：

A：哎，你汉语竟然说得这么好！

B：这有什么奇怪的，我在中国留过学。

A：哎，你怎么回事？又迟到了？

B：对不起，今天起晚了！

【初 221-2】哎（āi）

形式： "哎（āi）"独立使用

意义： 表示提醒。

用法： 用来呼喊别人。先说"哎（āi）"，引起注意，然后再说请求、命令或具体情况。

例句：

哎，王华，下班休息了！

哎，你们知道吗？明天要下雪了！

【初 222】唉（āi）

形式： "唉（āi）"独立使用

意义： 表示应答。

用法：用来应答别人的呼叫或要求、命令，可以先用"唉（āi）"表示听到
　　　　了或知道了，然后再具体回应。

例句：

A：李东！李东！你在哪儿？

B：<u>唉</u>（āi），我在这儿哪！

A：李东，快来吃饭了！

B：<u>唉</u>（āi），我马上来！

A：李东，我的话你记住了吗？

B：<u>唉</u>（āi），我记住了！

【初 223】唉（ài）

形式："唉（ài）"独立使用

意义：表示叹息。

用法：如果要表达失望、伤心、后悔、惋惜等强烈的情绪，可以先说发音较
　　　　长的"唉（ài）"，然后说具体的原因。

例句：

<u>唉</u>（ài），比赛又输了！

<u>唉</u>（ài），真不该说他，他还是个孩子。

<u>唉</u>（ài），真倒霉！钱包给丢了。

【初 224】喂（wèi）

形式："喂（wèi）"独立使用

意义：表示打招呼。

用法：常用于打电话、打招呼，用来引起对方的注意，为后面的交流做好准
　　　　备。

例句：

（接、打电话时）

A：<u>喂</u>，您好！您是哪位？

B：您好！我是李东。

（喊别人）

A：<u>喂</u>，这位同学！你的手机掉了！

B：谢谢！

3. 辅音叹词与表达

【初 225】辅音叹词：哼（hng）

形式： "哼（hng）" 独立使用

意义： 表示轻视、不满、生气。

用法： 如果想表达对某人、某事轻视、不满、生气等负面情绪，可以先说 "哼"，然后说具体原因。

例句：

A：着火了，怎么办？

B：<u>哼</u>，这点儿火，一杯水就灭了！

A：你考得怎么样？

B：第一名。

A：<u>哼</u>，又说大话，骗人！

A：怎么又吵架了？

B：<u>哼</u>，明明知道我不高兴，他还来气我！

第十六章　关联词语与句子的组合

1. 选择

情况不同，选择的条件也不同。人们有时候可以任意选择，有时候只能在一定的范围里选择，有时候会面临两难的选择。在汉语里，不同的选择，有不同的表达方式。

【初 226-1】任意选择

形式：……或者……

意义：表示选择。

用法：连接词或词组做句子成分，只用一个"或者"，也经常说"或"。注意：不用于疑问句。

例句：

面条儿<u>或者</u>米饭都可以。

一瓶水大概三块<u>或者</u>五块。

你去问问李明<u>或者</u>王刚，他们知道这件事。

对马拉松运动员<u>或者</u>马拉松爱好者来说，跑十公里并不难。

他每天喝一杯<u>或</u>两杯咖啡。

请小声<u>或者</u>大声读一遍课文。

【初 226-2】任意选择

形式：或者……，或者……

意义：表示选择。

用法：连接两个小句。两个小句主语不同时，"或者"只能放在主语前。"或者……，或者……"不用于疑问，一般要带有后续的句子。

例句：

你<u>或者</u>去跑跑步，<u>或者</u>去爬爬山，别老在家里待着。

<u>或者</u>打个电话，<u>或者</u>上网预约，外卖小哥就会送饭上门。

<u>或者</u>你通知，<u>或者</u>我通知，都可以。

【初226-3】任意选择

形式：（是）……还是……

意义：表示选择。

用法："……还是……"可用来连接名词（词组）、动词（词组）、主谓词组，表示疑问，参见"【初004-3】疑问句：选择问"。连接名词（词组）时"是"不能省略，连接动词（词组）、主谓词组时"是"经常省略。

例句：

黄瓜到底<u>是</u>水果<u>还是</u>蔬菜？

手机<u>是</u>学习的工具<u>还是</u>游戏的工具？

（<u>是</u>）坚持<u>还是</u>放弃？大家认真想一想！

你（<u>是</u>）喝茶<u>还是</u>喝咖啡？

（<u>是</u>）你说<u>还是</u>我说？

（<u>是</u>）吃素健康<u>还是</u>吃肉健康？

【初227】二必选一

形式：不是……，就是……

意义：表示两种行为必居其一，强调没有例外。

用法："……"为名词（词组）、动词（词组）、形容词（词组）和主谓词组。

例句：

这两天天气不好，<u>不是</u>风，<u>就是</u>雨。

看孩子<u>不是</u>妈妈的事，<u>就是</u>奶奶的事，爸爸去哪儿了？

他周末<u>不是</u>看书，<u>就是</u>写作业。

快递<u>不是</u>今天到，<u>就是</u>明天到，再等一等。

他做的饭<u>不是</u>咸，<u>就是</u>淡，一点儿也不好吃。

<u>不是</u>好，<u>就是</u>坏，哪有这么简单的事？

<u>不是</u>你去，<u>就是</u>我去，这里没有其他人。

<u>不是</u>你打我，<u>就是</u>我骂你，两个孩子整天吵吵闹闹的。

2. 并列

在生活中，有些事情是对立的，有些事情是并存的，有些事情是同时的，有些事情是类同的，还有些事情是紧密结合在一起的，这些都可以理解成并列。在汉语中，并列关系有丰富的表达手段。

【初228-1】伴随、交替

形式： 一边……，一边……

意义： 表示不同的动作行为伴随或交替进行。

用法： "……"为动词（词组）。"一边"多搭配使用，一般连接两个小句，也可以连接更多的小句。所连接的小句一般是同一个主语。

例句：

他<u>一边</u>走，<u>一边</u>思考问题，没发现自己走错了路。

我们一边喝茶，一边聊天儿，度过了一个愉快的下午。

他一边听，一边看，一边写，不一会儿就完成了作业。

【初 228-2】伴随、交替

形式：一面……，一面……

意义：表示不同动作行为伴随或交替进行，或表示两种情况同时存在。

用法："……"为动词（词组）。一般连接两个小句，也可以连接更多的小
　　　　句，所连接的小句一般是同一个主语。注意：表示动作行为伴随或交
　　　　替进行时，可以和"一边"互换；表示抽象的情况同时存在时，一般
　　　　不能和"一边"替换。

例句：

我们一面（一边）听他讲课，一面（一边）欣赏他的书法，感到一种美的享
受。

他一面（一边）工作，一面（一边）写作，竟然成了一名作家。

电影一面迎合着大众传统，一面又引领着社会潮流。

【初 228-3】伴随、交替

形式：一会儿……，一会儿……

意义：表示不同的动作行为、性状频繁交替变化。

用法："……"为动词（词组）或形容词（词组）。"一会儿"要搭配使用，
　　　　所连接的小句是同一个主语。也可以连接多个小句。

例句：

他一会儿站起，一会儿坐下，看上去非常着急。

早春的时候，一会儿冷，一会儿热，很容易感冒。

蓝天上的朵朵白云，一会儿像一只鸡，一会儿像一只鹅，一会儿像一只羊，
一会儿像一匹马。

【初 229】并存

形式： 一方面……，（另）一方面……

意义： 表示并存两种互相对立、互相补充或互相联系的情况。

用法： 主语相同时，一般放在第一个"一方面"的前边，后一个小句省略主语；如果主语放在第一个"一方面"后边，后一个小句的主语不能省略，且主语前往往有停顿。两个小句主语不同时，主语放在"一方面"的后边，主语前往往有停顿。

例句：

他们俩<u>一方面</u>互相帮助，<u>一方面</u>互相竞争，是一对真诚的好朋友。

怎么才能做好工作呢？<u>一方面</u>，大家要努力学习；<u>另一方面</u>，大家要善于合作。

失败的原因有两个：<u>一方面</u>是由于时间短，<u>一方面</u>是由于不认真。

<u>一方面</u>，收入在增加；<u>另一方面</u>，花费也在增加。

【初 230-1】类同

形式： A（也）……，B 也……

参见：

【初 164】分举对象。

【初 230-2】类同

形式： A……，也……

意义： 同一个对象，分举其两种相同或类似情况。

用法： "也"多在后一小句中独用，前一小句有时候也使用"也"。前后两个小句的结构往往是平行的。

例句：

我昨天有汉语课，今天<u>也</u>有汉语课。

他很努力，<u>也</u>很认真。

他脸<u>也</u>没洗，牙也没刷。

【初 230-3】类同

形式： A 也……（肯定），也……（否定）

意义： 同一个对象，分举其对立的情况。

用法： "也"往往在前后两个小句中搭配使用，一个小句是肯定句，一个小句是否定句。

例句：

语法也难，也不难。

这儿的饮食我也喜欢，也不喜欢。

【初 230-4】类同

形式： A 既……，也……

意义： 同一个对象，分举两种互相补充的情况。

用法： 前后两个小句主语相同，两个小句的结构往往是平行的。多用来强调对某一对象的全面说明。书面色彩较强。

例句：

大家既要重视课堂学习，也要重视课后练习。

这么做既发展了自己，也方便了别人。

【初 231-1】加合

形式： ……，又……

意义： 表示在已有基础上追加说明另一种相关的情况。

用法： "又"连接两个小句，只用一个"又"。主语可以相同，可以不同。"……，又……"往往有后续的句子。多用来追加原因。

例句：

这件衣服质量好，又便宜，买一件吧！

这件事还没完，那件事又来了，大家忙得团团转。

【初 231-2】加合

形式：又……，又……

意义：表示动作或状态紧密地结合在一起。

用法：用来概括一种状态。多连接两个小句，也可以连接更多的小句，各小句的主语相同。每个小句都用"又"。

例句：

这些年他<u>又</u>当爸<u>又</u>当妈。

同学们赢了比赛，<u>又</u>说<u>又</u>笑，<u>又</u>唱<u>又</u>跳。

河水<u>又</u>清<u>又</u>绿。

这杯牛奶<u>又</u>热，<u>又</u>甜，<u>又</u>香，味道真不错！

【初 231-3】加合

形式：既……，又……

意义：参见【初 231-2】加合。

用法：用来概括一种状态。只能连接两个小句，两个小句主语相同。书面色彩较强。

例句：

我的老师<u>既</u>平凡，<u>又</u>伟大。

这次会议<u>既</u>总结了经验，<u>又</u>提出了要求。

3. 承接

事情发生有先后，承接表示事情的先后。人们有时候关注的是事情之间的时间间隔，有时候关注的是事情之间的先后顺序。在汉语里，不同的情况有不同的表达方式。

【初 232 】零形式承接

形式： 主语 + 动词（词组）₁，动词（词组）₂，……

意义： 表示一连串的若干动作行为先后发生。

用法： 小句多承接同一个主语，小句之间不用关联词语。小句数量不局限于两个。

例句：

王明走进教室，关上了门。

他拿起一本书，坐在椅子上，认真地读了起来。

【初 233-1 】紧接

形式： 主语 + 动词词组₁ + 就 + 动词（词组）₂

意义： 表示两个动作行为紧接着先后发生。强调两个动作行为之间没有拖延。

用法： 前一个小句必须用动词词组，后一个小句可以是单个动词，也可以是动词词组。第二个动作行为发生时，第一个动作行为有时已经结束，有时还在进行。小句中间往往不停顿。

例句：

请等一下，我说完就走。

我下了课就回宿舍了。

电影太感人了，观众们看着看着就哭了。

【初 233-2 】紧接

形式： 主语 + 动词（词组） + 就 + 形容词（词组）

意义： 表示动作行为发生后立即引起某一结果，强调结果出现得迅速。

用法： 前一个小句必须用动词词组，后一个小句可以是单个形容词，也可以是形容词词组。小句中间往往不停顿。

例句：

今天没胃口，吃了两口就饱了。

他跑了一会儿就累得说不出话来。

【初 233-3】紧接

形式：一……就……

意义：强调第二个动作行为紧接着发生。

用法：两个小句有时是同一个主语，有时是不同的主语。两个小句中间不停
顿。前一个小句中的动词或形容词后不用"了"。后一个小句用"了"
时表示已然，用来叙述已经发生的某事；不用"了"时表示未然，前
一小句是后一小句的充分条件。

例句：

我一下飞机就给妈妈打了个电话。

他一紧张就全忘了。

你一说我就明白了。

骑车很简单，一学就会。

他从来不睡懒觉，天一亮就起床。

【初 233-4】紧接

形式：刚 / 才……就……

意义：表示动作行为开始不久后或状态出现不久后发生第二个动作行为，强
调第二个动作行为快得超出预期。

用法：两个小句有时是同一个主语，有时是不同的主语。小句中间不停顿。

例句：

我刚出门就被车撞了，真倒霉！

天刚暖和一点儿就穿裙子，小心感冒！

才学会走就想跑，这怎么行？

这么着急？怎么才回家就要走？

【初 234-1】顺序承接

形式：……再……

意　义：表示一个动作行为结束后，将发生另一个动作行为。

用　法：前一个小句动词多带结果补语，后一小句可以用单个动词，也可以用动词词组，不用"了"。前后两个小句有时候是同一个主语，有时候是不同的主语，小句之间不停顿。

例句：

苹果洗干净<u>再</u>吃。

你把作业写完<u>再</u>去打球。

【初 234-2】顺序承接

形　式：先……，然后……

意　义：表示先后发生的一系列事件或动作行为。

用　法：多用来说明事情的环节、步骤或顺序。多用来连接两个小句，两个小句是同一个主语。后一个小句有"再""又"结合使用时，"然后"可以省略。

例句：

王明下周去旅游，他<u>先</u>去北京，<u>然后</u>去南京。

今天<u>先</u>学习课文，（<u>然后</u>）<u>再</u>练习生词。

今天的晚餐很丰富，我们<u>先</u>吃了四个菜，（<u>然后</u>）<u>又</u>喝了一个汤。

4. 因果

　　一件事情在前，一件事情在后，在前的事情引起了在后的事情，这就构成了因果关系。汉语中有丰富的因果关系表达方式。人们在表达因果关系时，有时候由因及果，有时候由果溯因，有时候重在说明，有时候重在推断。

【初 235-1】因果说明（由因到果）

形　式：小句 $_1$（p-原因），小句 $_2$（q-结果）

意义：说明 q 是 p 引起的。

用法：说话人先说明某一事实，然后基于此事实建议某一行动、引出某一事实或者推断某一情况。两个小句直接并列，不用关联词语。因果关系松散，如果小句间停顿增加，可以理解成两个独立的句子。

例句：

时间不早了，吃饭去吧。

王明感冒了，在家休息呢。

车堵得厉害，要迟到了！

【初235-2】因果说明（由因到果）

形式：因为 + 小句$_1$（p-原因），小句$_2$（q-结果）

意义：说明 q 是由 p 而不是由别的事情引起的。

用法：p、q 为已确定的客观事实。说话人先说明原因，再说明结果，表达上重在说明 q 为什么会发生。有时候，可以在"因为"前用"就"来强调原因。

例句：

因为下雨，比赛推迟一天。

（就）因为迟到了半个小时，他错过了考试。

【初235-3】因果说明（由因到果）

形式：由于 + 小句$_1$（p-原因），小句$_2$（q-结果）

意义：参见【初235-2】。

用法：用于书面。

例句：

由于表现出色，他被选为班长。

我国冰雪运动由于起步晚，水平还不够高。

【初 235-4】因果说明（由因到果）

形式：小句₁（p-原因），所以 + 小句₂（q-结果）

意义：表示依据 p 而得出某一结论 q 或出现某一结果 q。

用法：说话人先说明依据，然后说明结论或结果，有强调结论有据、结果有
因的意思。"所以"小句在后，"所以"在主语前。

例句：

我基础不好，<u>所以</u>要更加努力。

黑猫年龄小，<u>所以</u>大家都叫它小黑。

【初 235-5】因果说明（由因到果）

形式：小句₁（p-原因），因此，小句₂（q-结果）

意义：参见【初 235-4】。

用法：用于书面。"因此"是"因为这个"的意思，用来复指表示原因的小
句₁，强调正因为这个原因 p 而引起结果 q。"因此"后面常常有停顿。

例句：

我十分喜欢中文，<u>因此</u>，我决定去中国留学。

这件事非常重要，<u>因此</u>，他一点儿也不敢马虎。

【初 235-6】因果说明（由因到果）

形式：因为（由于）+ 小句₁（p-原因），所以 + 小句₂（q-结果）

意义：既强调 p 是 q 的原因，又强调 q 是 p 的结果。

用法："因为（由于）"和"所以"均可以省略。如果不用"因为（由于）"，
见【初 235-4】；如果不用"所以"，见【初 235-2】；如果两者都不
用，见【初 235-1】。

例句：

<u>因为</u>地球是我们的家，<u>所以</u>我们要保护地球。

我<u>因为</u>太忙了，<u>所以</u>没时间去看你。

<u>由于</u>天气寒冷，<u>所以</u>比赛取消。

【初 235-7】因果说明（由因到果）

形式：由于 + 小句$_1$（p-原因），因此 + 小句$_2$（q-结果）

意义：参见【初 235-6】。

用法：用于书面。"因此"后面常常有停顿。"因此"不能和"因为"合用。

例句：

由于准备充分，因此工作很顺利。

由于意见众多，因此这个问题还需要继续讨论。

【初 235-8】因果说明（由果溯因）

形式：小句$_1$（q-结果），小句$_2$（p-原因）

意义：补充说明 q 的原因。

用法：说话人先提出某一建议、说明某一事实或推论，然后再补充说明理由。两个小句之间不用关联词语，小句$_2$要紧接着小句$_1$说，否则可以理解成两个独立的句子。

例句：

吃饭去吧，时间不早了。

王明在家休息，他感冒了。

要迟到了，车堵得厉害。

【初 235-9】因果说明（由果溯因）

形式：小句$_1$（q-结果），因为 + 小句$_2$（p-原因）

意义：解释做出某一判断或者实施某一行为的原因。

用法：说话人先说明某一判断或建议，然后解释为什么这么看或为什么这么做，表达上重在解释说话人观点或行为的依据。"因为"小句在后，"因为"在主语前。

例句：

我不相信他，因为他不诚实。

你应该听听孩子的想法，因为这是他的事情。

【初 236】因果推论

形式： 既然 + 小句₁（事实-p），+ 小句₂（结论-q）

意义： 表示根据已然的事实（p），提出符合逻辑的建议、看法或疑问（q）。

用法： "既然"经常与副词"就"呼应使用。前后小句主语相同时，"既然"
一般放在主语后。后一个小句除了是祈使句，也可以是陈述句或疑问
句，还可以是反问句。

例句：

你既然累了，就好好休息吧。

我既然选择了汉语，就要学好汉语。

既然失败过那么多次，你就从来没想过放弃吗？

这种饮料既然没有糖，为什么喝起来又是甜甜的？

5. 假设

有些事情是现实的，有些事情是虚拟的。所谓虚拟，如果在将来，是指设想
发生一件可能发生的事情；如果在过去，是指设想发生一件过去没有发生的事
情；如果是现在，是指和已知事实相反的事情。人们往往需要根据设想的事情来
推断会发生什么，来建议如何行动，这就是假设。汉语中有多样的假设表达形
式。

【初 237-1】假设（有关联词语）

形式： 小句₁（p-虚拟）+（的话 +）就 + 小句₂（q-结论）

意义： 表示根据某虚拟情形（p），提出相应的建议、看法或疑问（q）。

用法： 多用于口语。"就"突显 p 和 q 在时间上的紧密联系。两个小句要紧
接着说，中间不停顿。前一小句后常常可以加"的话"。

例句：

错了就改，没关系的！

知道<u>就</u>告诉我，不知道<u>就</u>算了。

工作<u>就</u>工作，休息<u>就</u>休息！

真糟糕！早点儿出发（<u>的话</u>）<u>就</u>不会堵这儿了。

你去（<u>的话</u>）我<u>就</u>去。

锻炼身体（<u>的话</u>）<u>就</u>不生病了吗？

【初 237-2】假设（有关联词语）

形式： 要是＋小句₁（p-虚拟）（＋的话），小句₂（q-结论）

意义： 表示根据某虚拟情形（p），提出相应的建议、看法或疑问（q）。

用法： 用于口语。两个小句主语相同，"要是"放在主语后；主语不同，"要是"多放在主语前。p 和 q 时间上的关系较为紧密时，后一小句可以用"就"；p 和 q 时间上的关系较为松散时，后一小句不能用"就"。前一个小句后常加"的话"。"要是……的话"可以后置，有补充说明的意思。"要是"也可说成"要"。

例句：

你<u>要是</u>有问题（<u>的话</u>），给我打电话。

他<u>要是</u>认真一点儿（<u>的话</u>），考试成绩会更好。

妈妈<u>要是</u>不同意（<u>的话</u>），你打算怎么办？

后天怎么样？<u>要是</u>今天没时间的<u>话</u>。

【初 237-3】假设（有关联词语）

形式： 如果＋小句₁（p-虚拟），小句₂（q-结论）

意义： 相当于【初 237-2】。

用法： 较为正式。

例句：

你<u>如果</u>找不到地方，可以<u>查</u>一下地图。

<u>如果</u>不认真，事情一定做不好。

<u>如果</u>他问我，我该怎么回答？

如果大家不努力，比赛能胜利吗？

如果累了，可以休息休息。

如果你能参加就更好了。

【初 237-4】假设（有关联词语）

形式：如果 + 小句$_1$（p-虚拟），那（那么）+ 小句$_2$（q-结论）

意义：相当于【初 237-2】。

用法：多用于书面。"那（那么）"必须用在后一小句句首，复指假设，有强调 "在那种情况下"的意思。"那"后不能停顿，"那么"后常常有停顿。

例句：

如果打算去中国留学，那你一定要学好汉语。

如果你能笑着生活，那么，生活会越来越好。

【初 237-5】假设（有关联词语）

形式：小句$_1$（p），否则 + 小句$_2$（q）

意义：前一小句提到某种情形或告诉某人做某事（p），如果这种情形没有发生或者这件事没有做，就会出现另一个结果（q）或提出别的建议（q）。

用法："否则"用在主语前，后面可以有停顿。后一小句还可以是反问句。

例句：

有时间我就去，否则，我就不去了。

最好早点儿出发，否则会赶不上火车的。

你去打扫房间，否则，你去做饭。

他可能生气了，否则，为什么不说话呢？

【初 238-1】紧缩形式假设

形式：小句$_1$（p-虚拟）+ 小句$_2$（q-结论）

意义：表示根据可能发生的事情（p），提出相应的建议（q）。

用法：多用于口语。两个小句直接并列，不用关联词语，中间不停顿。

例句：

你到了给我发消息。

有事您说话！

【初 238-2】紧缩形式假设

形式：不 A 不 B

意义：表示 A 决定着 B，强调 A 特别重要。

用法：用于口语。"不 A"和"不 B"中间一般不停顿。A、B 多由单个动词
或形容词充当。

例句：

A：妈妈，我不想吃药。

B：你发烧了，不吃不行。

A：这本书好看吗？

B：不看不知道，这本书太有意思了。

A：急什么，慢慢说！

B：不急不会这么晚来找你！

【初 238-3】紧缩形式假设

形式：没有 A，就没有 B

意义：表示 A 决定着 B，强调 A 特别重要。

用法：A、B 可以是名词，还可以是动词、形容词。这里的动词和形容词相
当于一个名词，用来指称某一行为或性质。

例句：

没有太阳，就没有生命。

没有休息，就没有学习。

没有好就没有坏，没有高就没有低。

6. 条件

一件事情的发生，往往要依赖另一件事情的发生，这是事情发生的条件。条件的性质不同，表达的方式也不同。

【初 239-1】必要条件

形式： 小句$_1$（p），才＋小句$_2$（q）

意义： 表示没有前一个事件（p）就没有后一个事件（q）。

用法： p 发生在前，q 发生在后，强调有 q 必须要有 p。p 和 q 可以是事实上的关系，这时，p 是已然的，如果否定 p 这个事实，就没有后一个事实 q；p 和 q 也可以是非事实关系，这时，p 是未然的，如果 p 这件事情不出现，事件 q 就不会发生。如果 p 是未然的，可以在小句$_1$中用"只有"；如果 p 是已然的，则小句$_1$中不能用"只有"。

例句：

我跟她谈了半天，她才同意了这件事。

你只有给他道歉，他才会原谅你。

【初 239-2】必要条件

形式： 只有＋小句$_1$（p），才＋小句$_2$（q）

意义： 相当于【初 239-1】。

用法： p 是未然的虚拟事件，强调有 q 必须要有 p，相当于"如果不……，就不……"。如果说的是一般情况，两个小句常常不用主语。如果两个小句主语相同，主语一般在"只有"前；两个小句主语不同，"只有"可以在主语前，也可以在主语后，但意思有差异。

例句：

只有提出问题，才能解决问题。

你只有多练习，才能学好汉语。

只有你去请他，他才会来。

你只有去请他，他才会来。

【初 239-3】必要条件

形式： 只有 + 主语 + 才 + 谓语

意义： 表示没有别的对象是合适的、正确的或必要的。

用法： 强调对象的唯一性。如果去掉"只有……才……"，这个句子是一个
单句。

例句：

只有总统才能决定这件事。

只有时间才是最宝贵的。

【初 239-4】必要条件

形式：（主语 +）只有 + 状语 + 才 + 谓语；只有 + 状语，（主语 +）才 + 谓语

意义： 表示没有别的条件是合适的、正确的或必要的。

用法： 强调条件的唯一性。如果去掉"只有……才……"，这个句子是一个
单句。

例句：

这种植物只有在冬天才开花。

只有在练习中，你才能发现问题。

【初 240-1】充分条件

形式： 只要 + 小句$_1$（p），就 + 小句$_2$（q）

意义： 表示前一个事件（p）产生后必定会产生后一个事件（q）。

用法： p 发生在前，q 发生在后，p 是引发 q 最基本或最起码的条件，强调
引发 q 不再需要别的条件。"只要……就……"多用来表示 p 和 q 的
非事实关系，这时，p 是未然的，"只要"可以替换为"如果"，但替
换后失去了"不再需要别的条件"的意思。"只要……就……"也可
以用来表示 p 和 q 事实上的关系，这时，p 是已然的事实，"只要"
一般不替换为"如果"。

例句：

这道题很简单，你只要想一想，就能找到答案。

你只要打个电话，外卖就会送来。

大学这四年，他非常努力。只要有时间，就去图书馆学习。

他只要吃完饭，就抽一根烟，这真不是个好习惯。

【初 240-2】充分条件

形式： 只要 + 小句（p），反问句 /"是……的"句（q）

意义： 参见【初 240-1】。

用法： 用于强调 q 必定出现，肯定的语气更为强烈。后一小句不用"就"。

例句：

只要你努力，怎么会做不好呢？

只要不下雨，比赛是不会推迟的。

【初 240-3】充分条件

形式： 只要 + 小句₁（p），小句₂（q）

意义： 表示满足某一期望后产生某一结果。

用法： 用来强调满足期望的重要性。前一小句表示某一期望（p），后一小句
表示因为此期望而产生的结果（q）。后一小句不用"就"。"只要……"
经常后置。

例句：

只要能得到冠军，我不怕吃苦。

我不怕吃苦，只要能得到冠军。

只要你高兴，吃什么都行。

吃什么都行，只要你高兴。

【初 241-1】任意条件

形式： 无论 + 小句₁（疑问形式），都 / 也 + 小句₂

意义： 表示任何条件下结果或结论都不会改变。

用法： 小句₁是包含任指疑问代词的疑问形式，小句₂中有"都"或"也"
　　　　呼应。前后两句主语相同时，主语可以在前句，也可以在后句。后一
　　　　小句的主语要放在"都 / 也"的前边。

例句：

无论做什么工作，都不能马虎。

无论我怎么说，他都不同意。

无论困难有多大，大家也要坚持下去。

【初 241-2】任意条件

形式： 无论 + 小句₁（并列成分），都 + 小句₂

意义： 相当于【初 241-1】。

用法： 小句₁是表示选择关系的并列成分，并列成分往往是互补的。并列成
　　　　分可以直接组合，也可以用"还是"连接。小句₂中一般有"都"呼
　　　　应。前后两句主语相同时，主语可以在前句，也可以在后句。后一小
　　　　句的主语要放在"都"的前边。

例句：

事情无论大小，他都非常认真。

无论你同意还是不同意，我都要去参加比赛。

无论是孩子还是大人，都喜欢这部电影。

【初 241-3】任意条件

形式：无论＋主语＋都＋谓语

意义：表示对某事而言，没有例外的对象。

用法：主语由疑问代词或表示选择的并列成分充当。疑问代词表示任指。并列成分是互补关系。并列成分多用"还是"连接，也可以直接结合。

例句：

无论谁都不会忘记！

球进了！无论球员（还是）球迷，都非常激动。

【初 241-4】任意条件

形式：无论＋状语，主语＋都＋谓语；主语，无论＋状语，都＋谓语

意义：表示对某事而言，没有例外的情况。

用法：状语由疑问代词或表示选择的并列成分充当。疑问代词表示任指。并列成分是互补关系。"无论……"多在句首，其后往往有停顿。"无论……"在句中时，前后往往有停顿。

例句：

无论什么时间，你都可以给我打电话。

无论在哪儿，听众都能听清楚。

学好这门课程，无论对你还是对我，都十分重要。

7. 转折

有时候，事情之间是相对或相反的；有时候，事情与预期、情理相对或相反；有时候，需要对表述有所修正：这些都可以构成转折。汉语里转折的表达方式也是多样的。

【初 242-1】相对、相反

形式： 小句$_1$（p），可是 + 小句$_2$（q）

意义： 表示 q 和 p 相对或相反，或 q 与 p 引起的预期相对或相反。

用法： "可是"用于后一小句。两个小句主语相同时，"可是"在主语后；主语不同时，"可是"在主语前。前一小句中常有"虽然"呼应，参见【初 245-1】。"可"的用法同"可是"，用在口语中。

例句：

我很丑，<u>可是</u>很温柔。

我喜欢他，<u>可是</u>他不喜欢我。

电话我打了，<u>可是</u>没打通。

工作很忙，<u>可是</u>我一点儿都不累。

【初 242-2】相对、相反

形式： 小句$_1$（p），但是 + 小句$_2$（q）

意义： 相当于【初 242-1】。

用法： 相当于"可是"，较为书面。

例句：

我很丑，<u>但是</u>很温柔。

我喜欢他，<u>但是</u>他不喜欢我。

电话我打了，<u>但是</u>没打通。

工作很忙，<u>但是</u>我一点儿都不累。

【初 242-3】相对、相反

形式： ……，主语 + 却 + 谓语

意义： 表示相对于前文的、一件让人感到意外甚至吃惊的事情。

用法： "却"是副词，只能用在主语后，小句的主语常常承前省略。"却"所在的小句前可以用"可是、但是"。

例句：

我对他很热情，（可是／但是）他却很冷淡。

运动员们一次次跌倒、爬起，却始终欢笑着。

【初 242-4】相对、相反

形式：……，主语＋倒／倒是＋谓语

意义：表示出人意料的对立。

用法："倒"是副词，只能用在主语后。

例句：

年龄不大，个子倒（倒是）不矮。

这是他的错儿！我还没生气，他倒（倒是）生气了。

【初 243-1】修正、补充

形式：……，不过……

　　　　……。不过，……

意义：用来对前面所说的话稍加修正或限制。

用法："不过"用在主语前，后面常常有停顿。它还可以连接段落。

例句：

他想去旅游，不过钱不够。

我很喜欢看足球比赛。不过，因为没有时间，我只能在电视上观看比赛。

【初 243-2】修正、补充

形式：……，主语＋其实＋谓语

意义：表示所说的是真实的，是对上文的修正。

用法："其实"是副词，小句的主语常常承前省略。

例句：

他才 50 岁，其实不算老。

这件事看起来是坏事，其实是好事。

8.　让步

有时候，人们不得不接受自己不愿意接受的事情，这构成了让步。在汉语中，让步有两种：一种是接受假设的事情作为让步，一种是接受已然的事实作为让步，两种让步的表达重点不同。

【初244-1】虚拟让步

形式：就是 + 小句₁（p），也 + 小句₂（q）

意义：表示接受假设 p 并不会对结果 q 产生影响。

用法：多用于口语，后一小句用"也"呼应。"就是"用于主语后。在表达上，q 是重点，强调说话人坚定的主观意愿。注意：这里的"就是"不能替换为"虽然"。

例句：

A：你再说我就生气了！

B：你<u>就是</u>生气，我<u>也</u>要说。

A：你别去！

B：我才不去呢。你<u>就是</u>让我去，我<u>也</u>不去。

【初244-2】虚拟让步

形式：……，就是 + 主语 + 也 + 谓语

意义：主语多为极端的对象，表示对象的变化对所述情况没有影响。

用法："就是 + 主语 + 也 + 谓语"用来承接前文。

例句：

A：大夫，请您救救他！

B：太晚了，我没有办法，<u>就是</u>神仙<u>也</u>救不了。

A：你认识这个字吗？

B：那还用说？<u>就是</u>三岁的孩子<u>也</u>认识。

【初 244-3】虚拟让步

形式：……，就是＋状语＋也＋谓语

意义：状语表示特定的情况，强调情况的变化对所述情况没有影响。

用法："就是＋状语＋也＋谓语"用来承接前文。

例句：

A：宿舍里不能吸烟！

B：那我到宿舍外去吸。

A：<u>就是</u>宿舍外<u>也</u>不能吸烟。

A：最近怎么样？

B：别提了！不仅白天忙，<u>就是</u>晚上<u>也</u>没时间休息。

【初 245-1】据实让步

形式：虽然＋小句₁（p），可是/但是/还是/却＋小句₂（q）

意义：表示接受事实 p 并没有引起预期 r，事实上发生的是与 r 相对的 q。

用法："虽然"用在前一个小句，可以在主语前，也可以在主语后。后一小句中常用"可是、但是、还是、却"等呼应，在表达上强调 q 与预期对立。

例句：

A：这个星期事情不多吧？

B：事情<u>虽然</u>不多，<u>可是</u>很花时间。

A：春天到了，终于不用穿厚衣服了！

B：春天<u>虽然</u>到了，天气<u>还是</u>有些冷。

【初 245-2】据实让步

形式： 就是 + 小句₁（p），也 + 小句₂（q）

意义： 表示接受事实 p 并不会对结果 q 产生影响。

用法： 多用于口语，后一小句用"也"呼应。"就是"用于主语后。在表达上有
强调 q 不受 p 影响的意思。注意：这里的"就是"可以替换为"虽然"。

例句：

A：你怎么发脾气呢?

B：这件事我不同意!

A：你<u>就是</u>不同意，<u>也</u>不能发脾气啊!

A：说话呀!

B：不想说。

A：你<u>就是</u>不说，我<u>也</u>知道你想什么。

【初 245-3】据实让步

形式： A 是 A，可是 / 但是 / 不过……

意义： "A 是 A"相当于"虽然 A"。"是"表示肯定，前一小句承认确实 A，
后一小句表示转折。

用法： 多用于口语。A 多是形容词，还可以是动词或名词。与"可是、但
是、不过"呼应使用。

例句：

A：这条裙子多漂亮呀!

B：<u>漂亮是漂亮</u>，<u>可是</u>有点儿贵。

A：雪还在下吗?

B：<u>下是下</u>，<u>不过</u>很小。

A：我们是朋友，帮帮忙吧!

B：<u>朋友是朋友</u>，<u>但是</u>这件事不能帮你。

【初 245-4】据实让步

形式： A₁ 是 A₂，可是 / 但是 / 不过……

意义： 参见【初 245-3】。

用法： A₁ 是单个形容词、动词或名词，A₂ 是在 A₁ 基础上形成的词组。

例句：

A：外面冷不冷?

B：冷<u>是</u>挺冷的，<u>不过</u>空气很新鲜。

A：作业写完了吗?

B：写<u>是</u>写完了，<u>可是</u>错了不少。

A：这部电影怎么样?

B：电影<u>是</u>好电影，<u>但是</u>有些长。

9. 递进

在一件事情的基础上，相关的对象范围扩大了，相关的程度加深了，这就构成了递进。递进关系的表达方式也是多样的。

【初 246-1】用"更"关联

形式： 小句₁，更 + 小句₂

意义： 表示在已有的基础上程度有所深化。

用法： "更"用在主语后。

例句：

这件衣服你喜欢，玛丽<u>更</u>喜欢。

他不高兴，我<u>更</u>不高兴。

我不可能不想念家乡，<u>更</u>不可能忘记家乡。

【初 246-2】用"而且"关联

形式： 小句₁，而且 + 小句₂

意义： 表示在两件相关的并列事情中，更强调第二件事情。

用法： "而且"所在的后一小句中常常有"还、更、又、也"呼应。"而且"用在主语前。两个小句主语相同时，后一小句的主语经常省略。

例句：

这个水果店的苹果很好吃，而且（还）很便宜。

我喜欢跑步，而且（更）喜欢晚上跑步。

明天是阴天，而且雪（又）要来了。

这件衣服颜色不好看，而且（也）太贵了！

【初 246-3】用"不但……，而且 / 还 / 也……"关联

形式： 不但 + 小句₁（p），而且 / 还 / 也 + 小句₂（q）

意义： 表示除了 p 以外，还有更进一层的意思 q。

用法： "不但"必须和"而且 / 还 / 也"呼应使用。两个小句主语相同时，"不但"多放在主语后；主语不同时，"不但"多放在主语前。

例句：

他俩不但认识，而且是多年的老朋友。

我们不但要多学习，还要多练习。

这孩子不但画儿画得好，歌也唱得好。

不但妈妈不同意，爸爸也不同意。

10. 目的

说话人心中先有一件事，然后决定为实现这件事而行动起来，这件事就构成了说话人动作行为的目的。

【初 247】用"为的是"关联

形式： 小句₁，为的是 + 小句₂

意义： 前一小句表示行动，后一小句表示心中设想的结果。

用法： 前后两个小句主语多相同，主语多用在前一个小句中。

例句：

他关了手机，<u>为的是</u>好好睡一觉。

人们过年回家，<u>为的是</u>和家人在一起。

第十七章 常用句式与表达

1. "是"字句

"是"字句由主语、"是"和宾语三部分组成。"是"是一个特殊的动词，它没有实在意义，它的作用是把主语和宾语联系起来。充当"是"字句宾语的成分是多种多样的，主语和宾语的语义联系也是十分丰富的。

【初 248-1】表示归类

形式：主语 + 是 + 宾语

意义：用来解释或申辩主语所属的类别。

用法：主语和宾语所指的对象是类属关系。如果用来解释主语所属的类别，"是"字不重读；如果用来申辩主语所属的类别，"是"字重读，有"是……，不是……"的意思。否定形式是"不是"，用来申辩。主语是名词（词组）或代词，宾语是名词（词组）或"的"字词组。

例句：

狗是一种可爱的动物。

我是中国人，今年 18 岁。

大多数观众是老年人。

这杯牛奶是热的。

这是吃的，不能浪费。

我不是学生，我是老师。

【初 248-2】表示等同

形式： 主语 + 是 + 宾语

意义： 用来说明或申辩主语指称的对象。

用法： 主语和宾语所指的对象是等同关系。如果用来说明主语指称的对象，
"是"字不重读；如果用来申辩主语指称的对象，"是"字重读，有
"是……，不是……"的意思。否定形式是"不是"，用来申辩。主语
是名词（词组）、代词或"的"字词组，宾语通常是名词（词组）或
"的"字词组，有时是动词词组，指某事。

例句：

A：你知道中国的首都吗？

B：当然知道，中国的首都是北京。

A：中国的首都是西安吗？

B：不是，中国的首都是北京。

A：您是哪位？

B：我叫王朋，我是王小明的爸爸。

A：您是三班的听力老师吧？

B：不是，我是二班的听力老师。

A：我可以坐这儿吗？

B：对不起，这是我的座位。

A：哪条裙子是我的？

B：黄的是我的，绿的是你的。

A：汉语难吗？

B：汉语不难，难的是汉字。

A：你一定很喜欢打篮球吧？

B：其实，我最喜欢的是踢足球。

A：说说你的看法！

B：我的看法是早点儿回家。

【初 248-3】说明情况

形式：主语 + 是 + 宾语

意义：用来说明主语指称对象的某一相关情况。

用法：主要用于承接问话，针对性地说明主语的情况。主语和宾语的意义联
系松散、多样。否定形式是"不是"。肯定句中"是"字往往可以省
略，否定句中"是"字不能省略。

例句：

A：成绩怎么样？

B：好极了！你是第一，我是第二。

A：这件衣服多少钱？

B：这件衣服是三百块。

A：最近天气怎么样？

B：昨天是 15℃，今天是 20℃，越来越热了。

A：什么时候考试？

B：口语是星期一，听力是星期二。

A：你们俩谁大？

B：我是 2000 年的，他是 2002 年的，当然我大。

A：你们学什么专业？

B：我<u>是</u>汉语，他<u>是</u>英语。

A：你再想想，好吗？

B：你<u>是</u>什么意思？我已经想好了！

A：这张桌子怎么这么轻？

B：这张桌子<u>是</u>塑料做的。

【初 248-4】表示解释

形式： 主语 + 是 + 因为 / 由于 / 为了⋯⋯

意义： 用来解释某事的原因或目的。

用法： 主语多承接前文而言，表示某一事实，形式多样。主语后可以有停顿，有时还可以加上语气词。"因为 / 由于 / 为了"的后面可以是动词词组、形容词词组或主谓词组，还可以是名词（词组）或代词。否定形式是"不是"。

例句：

A：怎么又没考好？

B：这次没考好（呢），<u>是</u>由于太粗心了。

A：刚才还在哭，现在怎么高兴了？

B：我高兴<u>是</u>因为妈妈同意了。

A：你为什么来中国？

B：我来中国（吧），<u>是</u>为了学习汉语。

A：你怎么看这次比赛？

B：我来比赛<u>不是</u>为了金牌，<u>是</u>为了战胜自己。

A：你怎么能这么做呢？

B：这么做都<u>是</u>为了你！

【初 248-5】表示申辩

形式：主语＋是＋动词（词组）/形容词（词组）

意义：表示确有其事。

用法：用于承接上文，针对性地进行说明或申辩。"是"字重读，多用在动
词（词组）/形容词（词组）前。否定形式是"不是"，使用否定形式
时常常要用两个并列的小句。

例句：

A：作业写完了吗？

B：写完了。

A：真的写完了？

B：<u>是</u>写完了！

A：你好像瘦了！

B：<u>不是</u>好像瘦了，我<u>是</u>瘦了！

【初 248-6】表示对比

形式：是＋（主语＋）谓语

意义：肯定一件事情的真实性。

用法：用于承接上文，通过肯定事情的真实性，有针对性地进行说明或申
辩。"是"字重读。常常用于肯定和否定的对比。

例句：

A：好冷啊！

B：<u>不是</u>天冷，<u>是</u>你穿得太少了！

A：这么多脏衣服，你也不洗洗！

B：<u>不是</u>（我）不洗，<u>是</u>（我）没时间洗！

【初 248-7】表示存在

参见：

【初 074-1】存在句

2. "有"字句

"有"字句由主语、"有"和宾语三部分组成。"有"的基本意思是"领有"，"有"的宾语由名词性成分充当。"有"字句主要强调主语拥有了什么或发生了什么。

【初 249-1】表示领有

形式： 主语 + 有 + 名词（词组）

意义： 表示主语拥有或领有某对象。

用法： 否定形式是"没有"或"没"。注意：这里的"没有"或"没"是动词，后面跟的是名词（词组），表示"不拥有、不领有"的意思。"没有"或"没"还可以是副词，后面跟的是动词或形容词，表示对"已然"的否定。

例句：

A：你喜欢小动物吗？

B：当然，我有一只小狗。

A：小丽，你有时间吗？

B：我今天没时间，明天有时间。

A：我能用一下你的汉语词典吗？

B：对不起，我没有汉语词典。

【初 249-2】表示发生、出现

形式：主语＋有＋名词（词组）

意义：表示发生或出现。

用法："有"后可以带"了、过"。否定形式是"没有"或"没"。注意：这里
的"没有"或"没"是动词，句末可以有表示情况发生变化的"了₂"。

例句：

A：大家听懂了吗？

B：老师，我还<u>有</u>一个问题。

A：小花的汉语怎么样？

B：小花的汉语<u>有</u>了很大进步。

A：你想过当演员吗？

B：小时候<u>有</u>过这样的想法。

A：你有时间吗？

B：对不起，现在<u>没</u>时间。

A：大家还有问题吗？

B：我<u>没</u>有问题了。

【初 249-3】表示评价

形式：主语＋有＋名词

意义：表示领有的事物"多"或"大"。

用法：用来评价。"有"后的名词不用修饰语，"有＋名词"的组合相对固定。
"有"前可以用"很、非常、最"等程度副词。

例句：

A：他能做好这件事吗？

B：我对他非常<u>有</u>信心。

A：这位同学怎么样？

B：他学习<u>有</u>方法，做事<u>有</u>热情，是个优秀的学生。

A：哪本书好看？

B：这本书很<u>有</u>意思，你看看就知道了。

【初 249-4】表示概括

形式：主语＋有＋数量（＋名词）

意义：表示成员的数量。

用法："有"字句后常有后续的句子具体说明。

例句：

A：你们班学生多吗？

B：我们班<u>有</u>20个学生，12个男生，8个女生。

A：您好，买个西瓜！

B：西瓜<u>有</u>两种，一种是红的，一种是黄的。您要哪一种？

A：来个红的！

A：怎么才能提高汉语水平？

B：办法<u>有</u>两个，第一个是多听，第二个是多说。

【初 249-5】表示存在

参见：

【初 074-2】存在句

3.　连动句

连动句的谓语由两个或两个以上的动词或动词词组构成。动词或动词词组之间有不同的语义关系，遵循着一定的语法顺序。

【初 250-1】表示行为顺序

形式： 主语＋动词（词组）$_1$＋动词（词组）$_2$

意义： 表示动作行为先后连续发生。

用法： 动态助词"了"一般放在后一个动词后。如果强调前动作行为完成后才开始后一个动作，"了"可以用在前一个动词后。

例句：

A：家里没牛奶了！

B：<u>我去买</u>。

A：妈妈，今天吃什么？

B：咱们今天<u>下面条儿吃</u>。

A：王华，周末有什么打算？

B：<u>找几个朋友踢球</u>，你也来吧！

A：你去哪儿了？

B：<u>我去图书馆借了一本书</u>。

A：你什么时候回学校？

B：<u>我过了春节回学校</u>，你呢？

【初 250-2】表示行为方式

形式： 主语 + 动词₁ + （着 + 宾语 + ）动词（词组）₂

意义： 前一个动作行为是后一个动作行为的方式。

用法： 动词加"着"含有两个动作行为同时进行的意思，参见【初 110-4】
　　　　 持续态。前一个动词不带宾语时，一定要用"着"；带宾语时，"着"
　　　　 字有时可不用。

例句：

A：您有空儿吗？跟您说个事。

B：来，您坐着说。

A：周末过得怎么样？

B：我陪（着）妻子看了一场电影。

A：我去超市买东西。

B：你怎么去？

A：我开（着）车去。

【初 250-3】表示行为目的

形式： 同【初 250-1】-【初 250-2】

意义： 后一个动作行为是前一个动作行为的目的。

用法： 目的、方式、先后次序有相通之处，往往要依靠语境加以区分。如果
　　　　 心中先有 A，通过 B 来达到 A，那么 A 是 B 的目的。

例句：

A：再给他个电话！

B：为什么？

A：他老迟到，打电话提醒一下他。

A：你怎么刚上班就回家？

B：别提了，回家拿手机，手机忘家里了。

A：水果没吃完，怎么办？

B：<u>留着明天吃</u>。

A：你怎么能这么说王明呢？

B：我<u>说着玩儿的</u>，没想到他会不高兴。

A：你怎么跟孩子生气？

B：他一直<u>哭着要买玩具</u>，怎么说都不听！

4. 兼语句

兼语句的谓语由一个动宾结构和一个主谓结构套叠而成，即第一个动词的宾语兼做第二个动词（词组）的主语。兼语句的表达功能和第一个动词的语义特征关系密切。第一个动词与宾语之间不能插入其他成分。

【初 251-1】表示使令

形式：主语＋动词$_1$（使令义）＋兼语＋动词（词组）$_2$

意义：表示"告诉"某人做某事。

用法：动词$_1$常含有"使令某人"的意思，常用的有"请、叫、让、要、劝"等。动词（词组）$_2$表示动词$_1$的目的。

例句：

A：你去哪儿？

B：<u>李华请我吃饭</u>。

A：小明，<u>老师叫你去办公室</u>。

B：好的，马上去。

A：哥哥，再玩儿一会儿吧！

B：时间不早了，<u>妈妈让咱们早点儿回家</u>！

A：请问什么时候交作业？

B：<u>老师要我们星期三交作业</u>。

A：爸爸明天就要回家了！

B：急什么！<u>你劝爸爸多住几天</u>！

【初 251-2 】表示爱憎

形　式：主语＋动词₁（爱憎义）＋兼语＋动词（词组）₂/形容词（词组）

意　义：表示因为某事而喜欢或责怪某人。

用　法：动词₁常含有"喜欢或责怪"的意思，常用的有"爱、喜欢、夸奖、
表扬、感谢、讨厌、批评"等。动词（词组）₂/形容词（词组）往
往表示喜欢或责怪的原因。

例句：

A：你怎么这么高兴？

B：<u>老师表扬我跑得快</u>！

A：弟弟怎么哭了？

B：<u>妈妈批评他不听话</u>。

A：你为什么喜欢他？

B：<u>我喜欢他诚实</u>。

A：李经理说什么了？

B：<u>李经理夸奖大家工作努力</u>。

【初 251-3】表示引进对象并说明

形式：主语＋有／没（有）＋兼语＋动词（词组）

意义：表示存在／不存在某个（些）对象做某事。

用法：主语可以是人，也可以是处所，在语境清晰的情况下，主语常常省
略。充当兼语的名词前面一般都有数量词，数词是"一"时常常省
略。但名词"人"是例外，前面可以不用数量词。

例句：

A：小明，<u>有人找你</u>！

B：谁呀？

A：不认识。

A：你学过汉语吗？

B：我没学过，不过，<u>我有几个朋友在学汉语</u>。

A：等一等！前面<u>有辆车开过来了</u>！

B：好的！

A：图书馆有空座位吗？

B：有！今天周末，<u>图书馆没几个人看书</u>。

5.　"是……的"句

　　"是……的"句用来突出言语交际中的某一信息。"是"是副词，要重读，表
示肯定，含有"的确"的意思。"是"强调的对象高度依赖语境，是多种多样的。

【初 252-1】强调谓语

形式：主语＋（是＋）谓语＋的

意义：强调对主语的描写或说明。

用法："是"字重读。"是"一般不用否定形式。谓语可以是否定形式。

例句：

A：有时间吗？去打球吧。

B：时间<u>是</u>有<u>的</u>，不过我有点儿不舒服。

A：你能帮我洗一下衣服吗？

B：自己的事自己做，我<u>是</u>不会帮你洗衣服<u>的</u>。

A：这本书怎么样？

B：这本书<u>是</u>很有趣<u>的</u>，你一定要看看。

A：老师，这句话能不能这么说？

B：这么说<u>是</u>可以<u>的</u>！

【初 252-2】强调主语

形式：是＋主语＋谓语＋的

意义：强调某对象做过某事。

用法：用于过去的事情。"是"字重读。否定形式是"不是"。

例句：

A：谁告诉你今天要考试？

B：<u>是</u>老师告诉我<u>的</u>，你不知道吗？

A：谁吃了我的蛋糕？

B：我不知道，不<u>是</u>我吃<u>的</u>！

【初 252-3】强调状语

形式：主语＋是＋状语＋动词（词组）＋的

意义：强调动作行为的时间、处所、方式、目的等。

用法：用于已经在过去完成的事情。"是"字要重读。"是"字可省略，这时
状语重读。"的"字不能省略。否定形式是"不是……的"。

例句：

A：小明呢？

B：小明已经去上海了。

B：他（是）什么时候去的？

A：他（是）昨天去的。

A：这件衣服真漂亮！你（是）在哪儿买的？

B：我（是）在网上买的。

A：你为什么来中国？

B：我（是）为学习汉语来中国的。

A：你没开车吗？

B：没有，我（是）打车来的。

A：你（是）哪天到的？

B：我（是）前天到的。

6. 被动句与"被"字句

　　如果一个句子的主语是动作行为的对象（受事），这个句子就是被动句。被
动句重在表达受事受到动作行为影响后产生的变化、结果。被动句关注的是受
事，因此动作行为的发出者（施事）往往不出现。如果需要特别指出施事，通常
用介词"被"来引入。用介词"被"标记施事、以"被＋施事"做状语的被动句

就是"被"字句。"被"字句的基本形式是"主语（受事）＋状语（被＋施事）＋动词＋其他成分"。具体参见：

【初 107-1】被动

【初 107-2】被动

【初 107-3】被动

【初 189-5】给

7. "把"字句

"把"字句是用介词"把"标记受事、以"把＋受事"做状语的句子。"把"字句着眼点在于施事，重在表达因施事主动实施某个动作行为而导致受事产生某种变化、结果。"把"字句的基本形式是"主语（施事）＋状语（把＋受事）＋动词＋其他成分"。具体参见：

【初 080-1】"回"（做补语）与位移

【初 085-4】复合趋向动词（做补语）与位移

【初 085-6】复合趋向动词（做补语）与位移

【初 086】"上"（做补语）的引申用法

【初 089】"上去"（做补语）的引申用法

【初 090】"下来"（做补语）的引申用法

【初 091】"下去"（做补语）的引申用法

【初 093-3】结果补语

【初 108-1】主动

【初 108-2】主动

【初 108-3】主动

【初 189-2】-【初 189-4】给

8.　存现句

　　存现句是表示某个处所存在、出现或消失某个对象的句子。存现句分为存在句和隐现句两类，其基本形式是"主语（处所）+ 动词 + 宾语（对象）"。具体参见：

　　【初 074-1】存在句

　　【初 074-2】存在句

　　【初 074-3】存在句

　　【初 075】隐现句

　　【初 085-7】复合趋向动词（做补语）与位移

9.　主谓谓语句

　　主谓谓语句是用主谓结构对某个话题进行说明的句子。这个被说明的话题是全句的主语（称作大主语），用来说明话题的主谓结构是全句的谓语（称作大谓语）。为了区别，充当大谓语的主谓结构中的主语和谓语分别称作小主语和小谓语。大主语和小主语、小谓语往往存在某种语义关系。具体参见：

　　【初 008-5】谓语

10.　双宾语句

　　如果一个句子的谓语动词带两个宾语，这个句子就是双宾语句。双宾语句中，前一个宾语一般指人，后一个宾语一般指事物。具体参见：

　　【初 076-2】及物动词（给予）关涉两个对象

【初 076-3】及物动词（取得）关涉两个对象

【初 076-4】及物动词（述说）关涉两个对象

【初 076-5】及物动词（称谓）关涉两个对象

11.　比较句

比较句是说明不同对象属性程度差异或属性异同的句子。根据比较的目的，比较句可以分为差比、等比、类比和增比等四种形式。具体参见：

【初 124-1】–【初 124-6】差比

【初 125-1】–【初 125-3】等比

【初 126-1】–【初 126-3】类比

【初 127】增比

索引一（按类别）

第七章　动词与句子的表达

1. 动词与关涉对象的表达

2. 趋向动词与空间位移的表达

3. 趋向动词的引申用法

4. 动词与相关结果的表达

第八章　形容词与句子的表达

1. 形容词与程度的表达

2. 形容词与程度的比较

索引二（按音序）

C

G

H

J

N

O

P

Q

X

Y

参考文献

著作类

H.H. 斯特恩（2018）《语言教学的基本概念》，刘振前、宋青、庄会彬译，北京：商务印书馆。

北京大学中文系1955、1957级语言班（1982）《现代汉语虚词例释》，北京：商务印书馆。

北京语言文化大学汉语水平考试中心（1998）《中国汉语水平考试大纲（基础）》，北京：现代出版社。

比尔·范帕滕、格雷戈里·D.基廷、斯蒂芬妮·伍尔夫（2021）《第二语言习得理论导论》（第3版），鹿士义、蒋思艺主译，北京：商务印书馆。

程美珍（1997）《汉语病句辨析九百例》，北京：华语教学出版社。

丁声树等（1961）《现代汉语语法讲话》（商务印书馆文库），北京：商务印书馆。

范晓（1996）《三个平面的语法观》，北京：北京语言学院出版社。

范晓（1998）《汉语的句子类型》，太原：书海出版社。

房玉清（2008）《实用汉语语法》（第二次修订本），北京：北京语言大学出版社。

冯胜利、施春宏（2015）《三一语法：结构·功能·语境——初中级汉语语法点教学指南》，北京：北京大学出版社。

傅海燕（2007）《汉语教与学必备：教什么？怎么教？》（上、下）（简体），北京：北京语言大学出版社。

高远、李福印（2007）《约翰·泰勒应用认知语言学十讲》，北京：外语教学与研究出版社。

国家对外汉语教学领导小组办公室（2002）《高等学校外国留学生汉语教学大纲（长期进修）》，北京：北京语言文化大学出版社。

国家对外汉语教学领导小组办公室（2002）《高等学校外国留学生汉语言专业教学大纲》，北京：北京语言文化大学出版社。

国家对外汉语教学领导小组办公室汉语水平考试部（1996）《汉语水平等级标准与语法等级大纲》，北京：高等教育出版社。

国家汉办教学处（2003）《对外汉语教学语法探索》，北京：中国社会科学出版社。

胡明扬（2002）《语言学习散论》，北京：北京语言大学出版社。

教育部、国家语言文字工作委员会（2021）《国际中文教育中文水平等级标准》，北京：北京语言大学出版社。

金立鑫（2005）《对外汉语教学虚词辨析》，北京：北京大学出版社。

李大忠（1996）《外国人学汉语语法偏误分析》，北京：北京语言文化大学出版社。

李德津、程美珍（2008）《外国人实用汉语语法》（修订本），北京：北京语言大学出版社。

李泉（2006）《对外汉语课程、大纲与教学模式研究》，北京：商务印书馆。

李晓琪（2005）《现代汉语虚词讲义》，北京：北京大学出版社。

李英哲等（1990）《实用汉语参考语法》，北京：北京语言学院出版社。

刘丹青（2017）《语法调查研究手册》（第二版），上海：上海教育出版社。

刘月华（1998）《趋向补语通释》，北京：北京语言文化大学出版社。

刘月华、潘文娱、故铧（2001）《实用现代汉语语法》（增订本），北京：商务印书馆。

卢福波（2011）《对外汉语教学实用语法》（修订本），北京：北京语言大学出版社。

卢福波（2016）《汉语语法点教学案例研究：多媒体课件设计运用》，北京：商务印书馆。

陆俭明、马真（1999）《现代汉语虚词散论》，北京：语文出版社。

陆庆和（2006）《实用对外汉语教学语法》，北京：北京大学出版社。

吕叔湘（1982）《中国文法要略》，北京：商务印书馆。

吕叔湘（1999）《现代汉语八百词》（增订本），北京：商务印书馆。

吕文华（1999）《对外汉语教学语法体系研究》，北京：北京语言文化大学出版社。

吕文华（2014）《对外汉语教学语法讲义》，北京：北京大学出版社。

马真（2015）《简明实用汉语语法教程》（第二版），北京：北京大学出版社。

马真（2019）《现代汉语虚词二十讲》，北京：商务印书馆。

孟琮、郑怀德、孟庆海、蔡文兰（1999）《汉语动词用法词典》，北京：商务印书馆。

彭小川、李守纪、王红（2004）《对外汉语教学语法释疑201例》，北京：商务印书馆。

邵菁（2021）《认知功能教学法：理论、设计和程序》，北京：北京大学出版社。

邵敬敏（1998）《句法结构中的语义研究》，北京：北京语言文化大学出版社。

施春宏（2018）《汉语纲要》（下册），北京：北京语言大学出版社。

施春宏等（2021）《汉语教学理论探索》，北京：商务印书馆。

孙瑞珍（1995）《中高级对外汉语教学等级大纲（词汇·语法）》，北京：北京大学出版社。

佟慧君（1986）《外国人学汉语病句分析》，北京：北京语言学院出版社。

王还（2012）《门外偶得集》（第三版），北京：北京语言大学出版社。

王还（1995）《对外汉语教学语法大纲》，北京：北京语言学院出版社。

王还（2015）《汉语近义词词典》（第2版），北京：北京语言大学出版社。

肖奚强等（2009）《外国学生汉语句式学习难度及分级排序研究》，北京：高等教育出版社。

肖奚强等（2020）《外国留学生汉语偏误案例分析》（增订本），北京：北京大学出版社。

邢福义（2001）《汉语复句研究》，北京：商务印书馆。

邢福义（2002）《汉语语法三百问》，北京：商务印书馆。

杨寄洲（1999）《对外汉语教学初级阶段教学大纲（1）》，北京：北京语言文化大学出版社。

袁晖、戴耀晶（1998）《三个平面：汉语语法研究的多维视野》，北京：语文出版社。

袁毓林、马辉、周韧、曹宏（2009）《汉语词类划分手册》，北京：北京语言大学出版社。

张斌（2001）《现代汉语虚词词典》，北京：商务印书馆。

张斌（2010）《现代汉语描写语法》，北京：商务印书馆。

张伯江、方梅（2014）《汉语功能语法研究》，北京：商务印书馆。

张黎（2017）《汉语意合语法导论——汉语型语法范式的理论建构》，北京：北京语言大学出版社。

张旺熹（1999）《汉语特殊句法的语义研究》，北京：北京语言文化大学出版社。

张谊生（2000）《现代汉语副词研究》，上海：学林出版社。

赵元任（2018）《汉语口语语法》，吕叔湘译，北京：商务印书馆。

郑怀德、孟庆海（2003）《汉语形容词用法词典》，北京：商务印书馆。

周小兵、李海鸥（2004）《对外汉语教学入门》，广州：中山大学出版社。

周小兵、朱其智、邓小宁等（2007）《外国人学汉语语法偏误研究》，北京：北京语言大学出版社。

朱德熙（1982）《语法讲义》，北京：商务印书馆。

Hymes, D. (1972). On communicative competence. In J. B. Pride & J. Holmes (Eds.), *Sociolinguistics*. Harmondsworth: Penguin, pp. 269-293.

National Standards in Foreign Language Education Project. (1999). *Standards for Foreign Language Learning in the 21st Century*. Lawrence, KS: Allen Press.

Widdowson, H. G. (1978). *Teaching Language as Communication*. Oxford: Oxford University Press.

Wilkins, D. A. (1976). *Notional Syllabuses*. Oxford: Oxford University Press.

论文类

卞觉非（1992）"汉语交际语法"的构想，《汉语学习》第 3 期。

陈珺、周小兵（2005）比较句语法项目的选取与排序，《语言教学与研究》第 2 期。

冯胜利、施春宏（2011）论汉语教学中的"三一语法"，《语言科学》第 5 期。

郭熙（2002）理论语法与教学语法的衔接问题，《汉语学习》第 4 期。

柯彼德（1991）汉语作为外语教学的语法体系急需修改的要点，《世界汉语教学》第 2 期。

李泉（2016）对外汉语教学语法体系：目的、标准和特点，《国际汉语教学研究》第 1 期。

李泉、金允贞（2008）对外汉语教学语法体系研究纵览，《海外华文教育》第 4 期。

李先银（2020）互动语言学理论映照下对外汉语教学语法系统新构想，《语言教学与研究》第 2 期。

李晓琪（2004）关于建立词汇—语法教学模式的思考，《语言教学与研究》第 1 期。

卢福波（2000）谈谈对外汉语表达语法的教学问题，《语言教学与研究》第 2 期。

卢福波（2002）对外汉语教学语法的体系与方法问题，《汉语学习》第 2 期。

卢福波（2003）对外汉语教学语法的层次划分与项目排序问题，《汉语学习》第 2 期。

卢福波（2005）对外汉语教学基本句型的确立依据与排序研究，《语言文字应用》第 4 期。

陆俭明（2000）"对外汉语教学"中的语法教学，《语言教学与研究》第 3 期。

吕文华（2002）对外汉语教材语法项目排序的原则及策略，《世界汉语教学》第 4 期。

吕文华（2015）修改对外汉语教学语法体系二题，《国际汉语教学研究》第 1 期。

施春宏（2011）面向第二语言教学汉语构式研究的基本状况和研究取向，《语言教学与研究》第 6 期。

施家炜（1998）外国留学生 22 类现代汉语句式的习得顺序研究，《世界汉语教学》第 4 期。

孙德金（2006）语法不教什么——对外汉语语法教学的两个原则问题，《语言教学与研究》第 1 期。

孙德金（2007）对外汉语语法教学中的形式与意义，《语言教学与研究》第 5 期。

徐晶凝（1998）关于语言功能和言语功能——兼谈汉语交际语法，《北京大学学报（哲学社会科学版）》第 6 期。

张吉生、周平（2002）结构型教学大纲与理念功能型教学大纲，《外语教学与研究》第 1 期。

张旺熹（1993）主谓谓语结构的语义模式，《世界汉语教学》第 3 期。

张旺熹（2001）"把"字句的位移图式，《语言教学与研究》第 3 期。

赵金铭（1994）教外国人汉语语法的一些原则问题，《语言教学与研究》第 2 期。

赵金铭（1996）对外汉语教学语法的三个阶段及其教学主旨，《世界汉语教学》第 3 期。

赵金铭（2018）汉语作为第二语言教学语法：格局＋碎片化，《语言教学与研究》第 2 期。

郑艳群、袁萍（2019）"应然"与"实然"：初级汉语语法教学结构和过程研究，《语言教学与研究》第 1 期。

周小兵（2004）学习难度的测定和考察，《世界汉语教学》第 1 期。

祖人植（2002）对外汉语教学语法体系研究思路述评——从语言共性与个性的视角，《北京大学学报（哲学社会科学版）》第 4 期。

Savignon, S. J. (1972). Teaching for communicative competence: A research report. *Audio-Visual Language Journal*, *10* (3), 153-162.

后　记

　　本大纲是国家社科基金重大项目"对外汉语教学语法大纲研制和教学参考语法书系（多卷本）"（17ZDA307）的一部分，我来负责对外汉语教学语法初级大纲的编写工作，十分惶恐。幸亏有齐沪扬教授和张旺熹教授的指导与督促，有众多同行师友的热情帮助，才能够顺利完成这项工作。

　　本大纲凝聚着集体的智慧与汗水。无论是主旨思想、整体框架还是语法项目的描写、呈现，都是在齐沪扬教授和张旺熹教授的主持下，历经多次讨论、多次修改后最终确定的。在大纲编写过程中，郭晓麟、李铁范、张亚军、黄健秦、刘慧清、胡建锋、范伟、李贤卓、邵洪亮、唐依力诸位老师提出了很多宝贵的意见与建议，在此致以由衷的感谢！段沫老师负责中级大纲编写工作，我们在编写过程中进行了多次讨论，协调了编写的内容与体例，可以说，初级大纲的编写，离不开段沫老师的聪明才智与支持帮助。

　　本大纲参考了大量前辈时贤的论著，真知灼见，不敢掠美，限于本书体例，难以一一说明，在此一并致以衷心的感谢！个人才疏学浅，疏漏错误和取舍不当之处在所难免，真诚希望能得到读者的批评指正。

张小峰

2022 年 8 月 31 日